조변의 코인투자 100문 100답

초판 1쇄 인쇄 2024년 6월 5일
초판 1쇄 발행 2024년 6월 15일

지은이 · 조성근
감수자 · 김동은, 조동현
발행인 · 강혜진
발행처 · 진서원
등록 · 제 2012-000384호 2012년 12월 4일
주소 · (03938) 서울시 마포구 동교로 44-3 진서원빌딩 3층
대표전화 · (02) 3143-6353 | **팩스 ·** (02) 3143-6354
홈페이지 · www.jinswon.co.kr | **이메일 ·** service@jinswon.co.kr

책임편집 · 임지영 | **마케팅 ·** 강성우, 문수연 | **경영지원 ·** 지경진
표지 및 내지 디자인 · 디박스 | **종이 ·** 다올페이퍼 | **인쇄 ·** 보광문화사

ISBN 979-11-93732-08-3 13320
진서원 도서번호 24004
값 24,000원

✦조변의✦
코인투자
100문100답

20대부터 코인투자 시작! 코인 전문 변호사의 믿음직한 입문서!

조성근 지음 | 김동은, 조동현 감수

진원

"거스를 수 없는 코인의 시대가 왔다!"

초보자가 꼭 알아야 할 법과 제도, IT 기술, 코인투자 가이드

돈을 잃는 이유는 무엇일까?

자본주의 사회에서 대부분의 사람들은 돈을 벌기 위해 투자를 합니다. 그 중 일부는 투자로는 만족하지 못하고 더 큰 돈을 벌기 위해 투기를 선택합니다. 하지만 기대와는 달리 투자나 투기를 하는 사람들 중 대다수가 오히려 돈을 잃습니다. 단적인 예로 증권사에서 주관하는 주식 모의투자대회의 참가자 절반가량이 마이너스 수익률을 기록하는 것만 봐도 알 수 있습니다.

우리는 간단한 물건 하나 사는 데도 직접 가서 물건을 보고, 인터넷에서 리뷰도 찾아보고, 지인들에게 수소문도 해봅니다. 그러나 투자를 할 때에는 투자 대상에 대해 최소한의 고민과 노력도 하지 않는 경우가 많습니다. 시중에 있는 코인 관련 책은 일단 투자하면 수익을 얻을 수 있다는 내용이 대부분입니다. 과연 '사면 무조건 수익을 얻는 투자 대상'이 세상에 존재할까요. 상승장에서조차 손실을 보는 사람들이 더 많습니다. 나아가 코인은 투자 대상인지 투기 대상인지 여부에 대해서도 의견이 분분할 정도로 위험성이 비교적 높은 자산에 해당합니다.

대학 시절부터 코인투자 시작, 변호사가 되면서 코인 관련 사건 수행

저 역시 대학 시절부터 코인투자를 시작했고 생소했던 블록체인 기술을 공부하고자 스터디를 병행했습니다. 투자를 하면서 손실을 본 경험도 많이 있었으나 코인 시장이 성장하고 눈여겨보던 코인이 상장하며 투자에 크게 성공한 사람들의 모습을 보면서 시장의 역동성을 많이 느꼈습니다. 다만 로스쿨에 입학하고 학업에 집중하게 되면서 한동안 코인과 인연이 멀어졌습니다. 그러다가 변호사가 되고 코인과 관련한 사건을 지속적으로 수행하게 되면서 다시 코인에 관심을 가지게 되었습니다. 몇 년 사이 코인투자는 대중화되었고 시장의 열기도 더 뜨거워져 있었습니다.

법은 실생활보다 한 박자 늦게 따라갑니다. 페이코인에 투자한 지인은 개발자 출신이라 발행사에 대한 믿음을 갖고 투자했지만, 페이코인이 특금법에 미달되어 속절없이 상장폐지가 된 후 큰 손해를 입었습니다. 미국만 해도 증권거래위원회(SEC)의 유권 해석에 따라 대표적 알트코인 중 하나인 리플이 1조원에 육박하는 돈을 토해낼 수도 있습니다.

코인 정보에 빠삭해도, 차트를 잘 읽어도, IT 기술에 대한 이해도가 높아도 법을 모르면 실패한 투자가 될 수밖에 없습니다. 안 그래도 공부할 게 많은 현실에서 변호사처럼 법 전문가가 될 필요는 없습니다. 아직은 합법과 불법 사이에서 갈팡질팡하는 코인 시장이지만 사회적 흐름과 기술 트렌드, 기관과 세력의 형성 과정, 그리고 정부의 대처 등 주요 토픽 100가지만 잘 파악해도 코인 시장의 규제 방향을 예측해볼 수 있으리라 생각합니다. 이 과정에서 덤으로 투자 인사이트도 얻어갈 수 있을 것입니다.

진리는 단순하다!
잠이 잘 오면 투자, 아니면 투기!

세계적인 투자자인 워런 버핏은 "자산을 산 뒤 두 발 뻗고 잠을 잘 수 있으면 투자, 밤잠을 설치면 투기"라고 했습니다. 코인에 투자한 뒤 밤잠을 설치진 않았는지 되돌아볼 필요가 있습니다.

이 책을 통해 꼭 말씀드리고 싶은 것은 코인투자는 반드시 수익으로 이어지는 것이 아니며, 위험을 감수하고 코인투자를 결심했다면 코인 시장 전망에 대한 최소한의 지식을 가지고 투자를 시작해야 한다는 것입니다. 이것은 모든 투자에 있어 기본 상식입니다. 근거 없는 투자는 혼자만 뒤처지는 두려움 때문에 패닉바잉으로 이어지고, 가격이 떨어지면 불안감 때문에 패닉셀링으로 이어집니다. 적어도 이런 상황을 막기 위해 코인투자에 앞서 100문 100답을 통해 차분히 기본기를 쌓으시길 바랍니다. 그런 다음 투자해도 늦지 않습니다. 아무쪼록 여러분의 소중한 돈을 지켜내시길 기원합니다.

이 책은 조동현 매경이코노미 기자님과 암호화폐 전문가 김동은 작가님의 도움으로 출판될 수 있었습니다. 두 분께 감사의 말씀을 드립니다.

조성근

목차

· 셋 · 째 · 마 · 당 ·

비트코인, 1세대 코인의 위엄
230

에 필 로 그

첫째
마당

경제 뉴스 속
코인 이슈 해독법

01

워런 버핏은 왜 비트코인을
3만원에도 안 산다고 했을까?

암호화폐에 대한 양극단 반응들

우리 사회는 암호화폐◆에 대해 비관론과 낙관론이 극단적으로 대립하고 있습니다. 대표적 암호화폐 중 하나인 비트코인은 2024년 1월 미국 증권거래위원회(SEC)로부터 현물 ETF 승인을 받았지만 여전히 의구심을 갖는 사람들이 많습니다. 2024년 3월 22일 주요 언론사에서는 수년간 코인투자로 8억원가량의 수익을 올린 투자자가 결혼 준비 중 예비 신부로부터 "코인투자는 도박이니 하

◆ 암호화폐(cryptocurrency) : 네트워크에서 상호 신뢰 속에 안전하게 거래할 수 있도록 암호화된 디지털화폐를 말한다. 대표적으로 비트코인, 이더리움 등이 있다.

지 말라."는 말을 듣고 파혼했다는 기사가 올라오기도 했습니다.

대중들 사이에서만 의견 대립이 있는 것이 아니라 전문가들 사이에서도 코인 시장에 대한 전망이 분분합니다. 코인 시장의 대표적인 비관론자는 워런 버핏과 찰리 멍거가 있습니다. 워런 버핏은 버크셔해서웨이의 CEO이며 최근 60년간 연 수익률이 20%에 달하는 전설적인 투자자입니다. 워런 버핏의 투자 가치관은 '가장 중요한 투자 원칙 첫 번째는 잃지 않는 것이며, 두 번째 원칙은 첫 번째 원칙을 잊지 않는 것'입니다. 그는 한번 구매한 주식은 오르기 전까지 절대 팔지 않는 것으로도 유명합니다. 그러다 보니 코인 시장에 대해서는 꾸준히 악평을 하고 있으며, 2022년 4월 30일 연례 주주총회에서 "비트코인은 25달러(약 3만원)에도 사지 않겠다."라고 하여 시장에 큰 충격을 주었습니다.

비트코인을 25달러(약 3만원)에도 안 산다고 말한 워런 버핏(출처 : CNBC)

2023년 말 고인이 된 찰리 멍거는 워런 버핏보다 훨씬 직설적이고 강도 높게 코인 시장을 비판했는데 "코인은 도박장이다."라고 하거나 "코인은 성병과도 같으며 경멸스럽다."라고까지 표현했습니다.

튤립 버블처럼 비트코인이 폭락할 확률은?

17세기경 네덜란드에서는 희귀종인 튤립 알뿌리 가격이 단기간에 천정부지로 솟았다가 순식간에 폭락하는 일이 있었습니다. 경제학자들은 이를 최초의 버블 경제 현상으로 보아 '네덜란드 튤립 파동'이라 불렀습니다. 코인의 경우 실물에 기반하지 않은 디지털자산이라는 점이 기존 화폐와는 다른 매력으로 다가와 빠르게 성장할 수 있었습니다. 그러나 동시에 디지털자산이라는 것이 단점으로도 부각되며 지난 10년간 "실물이 없는 자산이기 때문에 어느 날 갑자기 폭락할 수 있는 것 아니냐." "가치에 비해 너무나 고평가되었다." 등의 비판 역시 항상 따라다녔습니다.

전통적인 투자자들의 경우 주식이나 부동산과 같이 회사가 물건을 생산하여 수익을 창출한다거나 땅에 건물이 지어져서 사람들이 모이는 것을 직접 확인하고 미래 특정 시점에 해당 자산이 오를 것이라는 판단이 들면 투자하는 가치 투자 방식을 선호합니다. 워런 버핏도 전통적인 가치 투자자이기에 부가가치 창출이

눈에 잘 보이지 않는 비트코인은 25달러에도 안 사겠다고 한 것입니다.

코인 시장에 유입되는 거대자금들, 이번엔 다르다?

그러나 시장에서 자산의 가격이 책정되는 방식은 훨씬 다양해졌습니다. 예를 들어 미술 작품의 경우 실질적인 효용이 전혀 없음에도 희소하다는 이유 하나로 수백억의 가치가 부여됩니다. 다만 희소하다고 해서 모두 비싼 가격이 책정되는 것은 아닙니다. 해당 자산에 대한 히스토리가 충분히 있어야 하며 무엇보다 현재 구매했을 때보다 미래에 다음 사람이 더 비싼 가격에 구매해줄 것이라는 기대감이 있어야 합니다. 이러한 기대감이 반복될수록 가치 저장 수단으로써 밸류가 상승하게 됩니다.

비트코인에 이어 이더리움 등 메이저 알트코인도 연달아 ETF 신청을 이어나가고 있는 상황입니다. 이를 통해 코인 시장에 신규 자금이 지속적으로 유입되고 있어서 적어도 비트코인이나 메이저 알트코인의 경우 네덜란드 튤립처럼 가치가 하루아침에 급락할 가능성은 크지 않아 보입니다.

02

엘살바도르는
왜 비트코인을 법정화폐로 채택했을까?

코로나 시기 나이브 부켈레 대통령의 결정

엘살바도르의 나이브 부켈레 대통령은 2021년 9월 세계 최초로 비트코인을 법정화폐로 지정했음을 알렸습니다. 엘살바도르는 과거에는 자체 화폐인 콜론을 사용했으나 이를 제대로 관리할 여건이 되지 않았던 탓에 2001년부터 미국 달러를 법정화폐로 변경하여 사용해왔습니다. 그러나 미국이 코로나 때 양적완화를 통해 달러를 무제한으로 공급하고 기준 금리까지 낮추자 미국 달러 가치가 하락하면서 엘살바도르의 물가가 큰 폭으로 상승하는 일이 생겼습니다. 이 일로 부켈레 대통령은 미국의 통화 및 금리 정책으로부터 독립성을 확보하기 위해 비트코인을 법정화폐로 지정했음을 밝혔습니다. 나아가 엘살바도르는 경제 구조상 연간 GDP의 20%가량을 미국에서 일하는 자국민이 송금하는 돈이 차지하고 있는데, 미국에서 엘살바도르로 송금할 경우 약 10%의 송금 수수료가 부과된다고 합니다. 이에 엘살바도르는 비트코인을 법정화폐로 채택함으로 인해 송금 과정에서 생기는 불필요한 수수료 손실을 막을 수 있을 것으로 기대하고 있습니다.

물가 상승, 내전, 금융 시스템 붕괴로 인한 문제들

엘살바도르가 법정화폐로 비트코인을 채택하자 다른 나라에서도 비트코인을 법정화폐로 채택하여 경제 문제를 해결하려는 움직임이 있습니다. 2022년 4월에는 아프리카에 위치한 인구 500만 명의 나라인 중앙아프리카 공화국이 법정화폐로 비트코인을 채택했습니다. 중앙아프리카 공화국은 2012년부터 10년 넘게 내전을 거듭하며 자국 금융 시스템이 붕괴되어 계좌 개설 등 은행 거래가 거의 불가능한 상황인데 비트코인을 법정화폐로 채택하면서 이러한 문제를 해결하고자 했습니다.

아르헨티나, 탄자니아, 멕시코, 파나마, 베네수엘라, 쿠바와 같이 인플레이션으로 자국 내 화폐 시스템이 붕괴된 나라들이 법정화폐로 비트코인을 채택하는 방안에 대해 검토하고 있음을 밝혔습니다. 아르헨티나는 비트코인을 법정화폐로 만들겠다고 공약

한 하비에르 밀레이가 2023년 11월 대통령으로 선출되었는데, 곧바로 물가 상승 대응 차원에서 비트코인을 통한 결제 시스템 지원을 검토하라고 했고 이후 비트코인으로 임대차 계약이 체결되기도 했습니다.

비트코인을 법정화폐로 지정하려는 움직임에 대해 IMF 등 국제기구에서는 비트코인이 전통 화폐와 비교했을 때 가치 변동성이 크기 때문에 장기적으로 경제 문제를 해결할 수단으로 적합하지 않다는 우려를 표명하고 있어 법정화폐로 지정된 비트코인이 장기적으로 경제에 미치는 영향은 지켜봐야 할 것으로 보입니다.

---

tip

코인 대표 낙관론자 마이클 세일러

코인 시장의 대표적인 낙관론자에는 마이클 세일러가 있습니다. 마이클 세일러는 마이크로스트래티지(티커명 MSTR)의 창립자 겸 CEO입니다. 마이크로스트래티지는 우리나라에는 거의 알려지지 않은 기업이었으나 마이클 세일러가 공격적으로 코인에 투자하면서 미국 주식 시장에서 코인 관련주로 주목받게 되었습니다. 코인에 직접 투자하기를 꺼리는 사람들은 마이크로스트래티지 주식에 투자하기도 합니다. 마이클 세일러는 비트코인을 '디지털 금'이라고 부르면서 향후 10년간은 비트코인 골드러시가 이어질 것으로 전망하고 있습니다.

마이크로스트래티지 창립자 마이클 세일러
(출처 : 마이크로스트래티지 X)

03

코인 시장을 좌지우지하는 셀럽 3인방은?
(ft. 일론 머스크, 캐시 우드, 우지한)

도지코인에 영향을 미친 일론 머스크

코인 시장이 확대되면서 유명 인사가 코인에 관여하는 사례가 종종 생깁니다. 대표적인 사례로 일론 머스크가 있습니다. 일론 머스크는 암호화폐 세계에서 영향력 있는 인물 중 한 명입니다. 일론 머스크가 X 계정에 올리는 글은 실시간으로 세계의 주목을 받으며 코인 가격에 영향을 미치기 때문입니다. 하지만 코인 시장에 대한 일론 머스크의 입장과 태도는 오락가락하고 항상 일관되는 것은 아니기 때문에 일론 머스크의 영향으로 인한 가격 움직임은 종잡기 어려운 면이 있습니다.

일론 머스크의 도지코인에 대한 글은 가격에 커다란 영향을 미쳤습니다. 2021년 초 도지코인의 가격은 0.004달러 미만이었습니다. 그러나 머스크가 '도지코인은 미래의 통화다.'라는 글을 올리고 난 후 며칠 만에 코인 가격은 0.08달러까지 급등했습니다. 이는 2,000% 이상 증가한 수치입니다.

물론 일론 머스크의 발언만으로 코인 가격이 급등한 것으로 단정할 수는 없습니다. 코인 시장은 구조가 매우 복잡하며, 시장의 수요와 공급, 기술적 분석, 정치적 이슈 등 다양한 요인들이 코인 가격에 영향을 미치기 때문이지요. 그럼에도 불구하고 일론 머스크 같은 유명인의 발언은 코인 가격에 큰 파장을 일으킵니다. 일론 머스크는 기술 분야의 유명 인사이기 때문에 그가 코인을 지지할수록 많은 사람이 코인을 정당한 투자 수단이라고 믿는 것입니다.

하지만 일론 머스크의 의견은 코인 가격을 급락시키는 원인이 될 때도 있습니다. 자신의 X 계정에서 코인을 비판하기도 하는데 이러한 발언들은 코인 시장에 불안을 조성하고, 투자자들의 패닉 셀링을 유도하여 가격을 하락시키는 요인이 되기도 합니다. 일론 머스크의 발언이 코인 시장에서 가격을 형성하는 요소로 작용하는 만큼 투자자들은 일론 머스크의 발언을 어느 정도는 염두에 둘 필요가 있어 보입니다.

비트코인이 30억 원까지 간다?
아크인베스트 CEO 캐시 우드

캐시 우드는 미국의 기업인으로 글로벌 투자 기관인 아크인베스트의 CEO이며 테슬라 투자를 통해 큰 부를 쌓은 미국 월가의 대표적인 여성 투자자입니다.

캐시 우드는 미국의 개인 투자자뿐만 아니라 국내 개미 투자자들의 열렬한 지지를 받으며 팬덤을 형성하고 있습니다. 캐시 우드의 이름이 현금을 뜻하는 캐시(cash)와 발음이 비슷하고, 이름에 나무를 뜻하는 우드가 있어 우리나라에선 '돈나무 언니', '돈나무 누나'라는 애칭으로도 불립니다. 캐시 우드가 우주 탐사 기업에 투자하겠다고 하자 뉴욕 증시에서 관련 기업 주가가 크게 오를 정도로 파급력이 큽니다. 캐시 우드의 영향력은 코인 시장으로도 이어집니다. 캐시 우드의 아크인베스트는 비트코인이 향후 30억 원까지 도달 가능하다는 전망을 꾸준히 제시하고 있습니다.

아크인베스트는 비트코인과 블록체인 기술을 미래 경제의 핵심 요체로 보고 있습니다. 아크인베스트는 특히 네트워크 효과와 기술 채택 곡선의 빠른 진화에 주목하는데 비트코인이 기술 채택 곡선에서 초기 단계에 있으며, 시간이 지남에 따라 획득할 수 있는 잠재적 가치가 매우 크다고 봅니다.

캐시 우드는 최근에도 "비트코인은 물론 다른 가상자산도 궁극적으로는 일상적인 투자자들에게 권장하는 포트폴리오의 일부가 될 수 있다."며 비트코인에 대해 긍정적인 발언을 이어가고 있으며 현재는 높은 변동성을 가지고 있으나 비트코인이 채권과 같은 자산이 될 수 있다고 전망하고 있습니다. 캐시 우드의 이러한 발언은 비트코인 가격이 사상 최고치까지 오르는 데 크게 기여했다는 분석도 나오고 있습니다.

캐시 우드는 코인 시장이 과열되었다는 일부 비판에도 2024년 3월 미국에서 열린 비트코인 투자자의 날 콘퍼런스에서 비트코인 현물 ETF 승인을 통해 기관 투자자가 더 많이 진입할 것으로 보이며 수학적 관점에서 비트코인 가격이 향후 350만 달러까지 오를 것이라고 전망했습니다.

코인 채굴기 비트메인 창업자 우지한

우지한은 세계 최대 코인 채굴기 생산업체 비트메인의 창업자입니다. 중국 베이징대학교 경제학과를 졸업한 금융 전문가로 2011년 전 재산인 1,700만원을 비트코인에 투자하여 1,000배의 수익을 냈다고 합니다. 이 돈을 자금으로 블록체인 네트워크에서 다양한 활동을 진행하며 영향력이 거대해진 인물입니다.

우지한은 비트코인 캐시(BCH)◆를 만든 인물로도 유명합니다. 기존의 비트코인은 최초의 코인이라는 큰 가치가 있었지만 많은 사람이 사용하기 시작하면서 거래량이 많아졌고 그로 인한 속도 문제가 발생했습니다. 특히 1MB(메가바이트)로 제한된 비트코인 블록 용량으로 인한 확장성 문제가 크게 대두되었습니다. 비트코인이 가지는 확장성 문제를 해결하기 위해 우지한은 기존 비트코인보다 저장 공간을 대폭 확장한 비트코인 캐시를 만들었습니다.

2017년 11월과 12월에는 '비트코인 캐시 펌핑 사건'이라고 하여 코인 시장에서 비트코인 캐시 거래 점유율이 50%까지 오르면서 한 달 사이 가격이 2배 넘게 오르는 일이 있었습니다. 여기서 멈추지 않고 미국 최대 코인 거래소인 코인베이스에 상장까지 하면서 많은 비트코인 캐시가 메이저 알트코인으로 급부상했고 투자자 사이에서 우지한의 영향력도 커졌습니다.

이후 우지한은 2018년 미국 경제 전문지 '포춘'에서 선정한 핀테크 업계 40세 미만 영향력 있는 리더 순위에서 코인베이스 창업자인 브라이언 암스트롱, 이더리움 개발자인 비탈릭 부테린에 이어 3위로 선정되었습니다.

앞으로 경제 뉴스에서 3명의 행방을 종종 발견하게 될 것입니다. 이들이 코인 시장에 어떻게 영향을 끼치는지 주목해보세요.

....

◆ 우지한과 비트코인 캐시 관련 내용은 249쪽 참고.

04

코인 시장의 돈이
불법 자금으로 흘러간다고?

마약, 박사방, 다크웹 거래 수단이 비트코인?

비트코인 거래가 본격적으로 시작되고 얼마 지나지 않았을 때 미국 정부는 마약 암거래 시장에서 대량의 비트코인을 압수했다는 보도를 하며 '코인은 익명성 때문에 범죄 수단으로 악용될 가능성이 크다.'는 선입견을 주었습니다. 국내에서도 텔레그램을 통해 '박사방'을 운영하며 미성년자 아동 성 착취물을 판매한 혐의로 징역 42년을 선고받은 조주빈 역시 범죄 대가로 비트코인을 받았습니다. 최근 마약 거래가 급증하고 있는데 추적이 어려운 다크웹, 텔레그램과 코인을 결합한 범죄 유형도 급증하고 있는 상황입니다. 이런 상황만 보면 코인 시장이 범죄의 온상인가 하는 생각이 들겠지만 실상은 조금 다릅니다.

코인의 제도권 편입으로 불법 용도는 줄어드는 추세

2018년 미국 블룸버그 통신에서 미국 마약단속국(DEA)의 통계를 인용한 자료에 따르면 불법 용도로 이용되는 코인 규모는 점차 줄어들고 있다고 합니다. 그 이유는 코인 시장이 성장함에 따라 코인 거래소도 주식 거래소처럼 제도권으로 편입되었고 이에 따라 코인 거래 내역에 관하여 국가의 체계적인 관리가 이루어지기 시작했기 때문입니다. 또한 코인을 상장할 때도 과거와 달리 신뢰할 수 있는 거래소를 통해 상장하는 IEO◆ 방식의 코인 상장 사례가 늘고 있습니다.

물론 코인을 이용한 범죄가 세상에서 아예 사라진 것은 아닙니다. 아직도 범죄 과정에서 코인을 수익금으로 주고받는다거나, 코인 자체가 범죄의 대상이 되는 경우도 있습니다. 다만 이는 오

◆　**IEO(Initial Exchange Offering)** : IEO는 암호화폐 발행사를 대신해 거래소가 투자자를 모집한다. ICO(Initial Coin Offering)는 암호화폐 발행사 주도로 이뤄져서 상장을 보장할 수 없지만 IEO는 거래소를 통해 판매가 가능해서 선호된다. IEO를 통하면 따로 가스비(일종의 수수료)를 지불할 필요가 없으며 거래소의 검증과 신뢰성이 있기 때문에 투자의 위험도가 낮아진다. ICO 관련 자세한 내용은 145쪽 참고.

로지 코인만 가지는 내재적인 문제점이라고 보기는 어렵고 현금, 주식, 채권, 부동산과 같이 현대 사회에서 자산 가치가 있는 대상이라면 필연적으로 가질 수밖에 없는 위험성으로 이해하는 것이 타당해 보입니다.

tip

불법 돈세탁을 위해 코인 거래, 수억대 사기 주의!

최근 텔레그램으로 불법 자금을 테더 코인(USDT)으로 교환해준다며 거액을 강취한 사기 사건이 발생했습니다. 이들은 수수료 8%를 요구하면서 현금을 코인으로 바꾸면 자금 추적이 불가능할 뿐 아니라 이들이 교환해주는 테더 코인(자세한 내용은 92쪽 참고)은 달러와 1대 1 교환이 된다는 점을 강조하며 접근했다고 합니다. 실제로 억대 현금이 오갔지만 피해자들이 적극적으로 나서고 있지 않아서 범죄 소탕에는 어려움이 예상됩니다. 테더 코인은 안정성 때문에 시장 점유율이 70% 가까이 됩니다. 소액 투자자들에게도 비슷한 유형의 범죄가 발생할 소지가 있어 주의가 필요합니다.

달러 기반 코인인 테더(USDT)

05

코인도 이혼이나 상속 시
재산 분할 대상일까?

코인으로 자금 은닉이 가능할까?

변호사 일을 하다 보면 가끔 듣는 질문 중 하나가 "코인으로 재산 은닉이나 세금 포탈이 가능한가요?"입니다. 굉장히 구체적으로 물어오는 분들도 있는데 예를 들면 "이혼 시 배우자에게 한 푼이라도 덜 주기 위해 재산을 조금씩 코인으로 바꿔놓으면 어떻겠냐?"라거나 "상속세를 조금이라도 덜 내기 위해서 재산 일부를 코인으로 보관하고 있으면 어떻겠냐?"라는 식의 질문들입니다.

이혼이나 상속 시 이루어지는 재산 분할 때 코인도 분할 대상 재산에 포함됩니다. 우리 법원은 금전적 가치가 있는 재산이면 일단 모두 분할 대상 재산으로 포함시키기 때문입니다. 또한 코인을 대가 없이 타인에게 주는 경우 다른 자산과 마찬가지로 금액에 비례하여 증여세가 부과됩니다.

다만 개인이 의도적으로 코인을 이용하여 자산을 은닉하는 경우 이를 찾는 것은 쉽지가 않습니다. 예를 들어 중앙화된 코인 거래소를 통하지 않고 현금 등을 이용하여 개인과 개인 사이에 지갑을 통해 코인을 거래하여 보관하는 경우가 있을 수 있습니다. 설령 지갑의 존재를 확인했다고 하더라도 개인 키를 모른다면 접근이 불가능한 문제가 생길 수 있습니다. 그러나 실물 보관이 가능한 모든 자산은 위와 같은 방법으로 은닉이 가능합니다. 예를 들어 금 같은 경우도 현금으로 구매한 후 금고에 보관하고 비밀번호를 설정하는 것으로 은닉이 가능하고, 더 쉽게는 법정화폐를 금고에 보관하는 것만으로도 은닉이 가능합니다.

코인 현금화하려면 실명인증 필수, 오히려 은닉이 어렵다?

코인의 경우 사실 법정화폐보다 오히려 은닉이 어려운 부분이 존재하는데 그 이유는 브로커를 통해서 현금화하는 등의 방법이 아니라면 반드시 현금화 과정에서 실명인증을 받은 거래소를 거쳐야 하기 때문입니다.

특금법(특정 금융거래정보의 보고 및 이용 등에 관한 법률)에 따라 코인 거래소는 개인이 거래소를 통해 입출금한 내역을 모두 보관하고 있으며 수사, 재판, 과세 용도로 이를 요청하는 경우 해당 자료를 제공할 의무가 있습니다. 국세청의 경우 2021년부터 고액 체납자에 대해서 주기적으로 코인 거래소로부터 거래 내역을 제공받아 추적 조사를 하고 있기도 합니다. 변호사들의 경우 소송 절차에서 누군가 코인으로 자산을 은닉했다는 정황이 보이면 코인 거래소 및 연결 은행에 '문서제출명령신청' 및 '금융거래정보제출명령신청'을 하는 방식으로 숨은 코인을 모두 찾아내고 있습니다.

가상자산이용자보호법 1단계가 2024년 하반기 시행 예정이며 추후 가상자산이용자보호법 2단계 입법 및 시행까지 완료되는 경우 코인 시장은 전통 금융 시장과 거의 비슷한 수준의 관리·감독을 받을 것으로 보입니다. 이에 코인을 수단으로 하여 제도권의 규제를 피하려는 시도는 더욱 어려워질 전망입니다.

06

국내에 4,000억원 가까운 수익을 낸 20대 투자자가 있다?

세계 최고 암호화폐 거래량을 보이는 국가는?

국내 코인 시장은 김치 프리미엄*이 형성될 정도로 전 세계에서 손꼽을 정도로 거래량이 많은 편에 속합니다. 코인에 대한 관심도만 놓고 보면 국내 코인 시장은 다른 어느 나라에도 뒤지지 않을 것입니다. 그렇다면 국내 투자자들의 코인투자 성적은 어떠할까요?

2024년 3월 가상자산 데이터 분석 기업인 체이널리시스가 주

◆ **김치 프리미엄(Kimchi premium)** : 한국에서 거래되는 코인의 시세와 해외 거래소 코인 시세와 비교했을 때 가격 차이를 의미한다. 줄여서 '김프'라고도 한다. 가격이 높으면 '김프가 끼어 있다.' 낮으면 '김프가 빠졌다.'고 한다. 자세한 내용은 72쪽 참고.

요 중앙화 거래소(CEX)를 분석한 결과 한국인 투자자들이 지난해 10억 4,000만 달러의 수익을 냈다고 밝혔습니다. 국가별로는 미국이 93억 6,000만 달러를 기록하여 압도적인 세계 1위를 차지했고 아시아권에서는 베트남이 11억 8,000만 달러를 기록하여 근소한 차이로 우리나라를 따돌렸습니다. 그렇다면 개인 투자자 중 가장 많은 수익을 얻은 사람은 누구일까요?

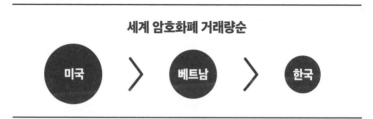

세계 암호화폐 거래량순

미국 > 베트남 > 한국

비트멕스 거래소 기준 투자 수익 No.1은 한국인?

2024년 3월 기준 글로벌 가상자산 거래소 비트멕스에서 총 3,600억원(3,600BTC) 정도의 수익을 얻으며 기관을 제외하면 가장 많은 수익을 올린 'aoa(인기 아이돌그룹의 이름을 본떠 만들었다고 합니다)'라는 닉네임을 사용하는 국내 투자자가 있습니다. 국내에서는 비트멕스 '워뇨띠(인기 아이돌그룹 IVE의 멤버 장원영을 좋아해서 지은 이름이라고 합니다)'로 유명한 투자자이며 공식 석상에서 얼굴을 드러낸 적은 없지만 20대 남성으로 추정되고 있습니다.

해당 투자자는 과거 디시인사이드 차트갤러리에서 '워뇨띠'라는 고정닉으로 활동했고 코인 상승장이었던 2021년 8월경 본인의 업비트 계정에 보유 중인 자산이 1,000억원이 넘었다는 것을 인증하면서 유명해지기 시작했습니다. 이후 비트멕스나 바이낸스 리더보드에서 수익률 상위권에 꾸준히 랭크하면서 워뇨띠의 투자 포지션을 추종하는 사람들까지 생기게 되었으며 1,000억원을 인증하고 불과 한 달 만에 자산이 2,000억원이 넘었다는 글을 올리며 다시 한번 사람들에게 큰 충격을 주었습니다.

워뇨띠가 공개한 비트멕스 리더보드 닉네임은 'aoa'이고 바이낸스 리더보드 닉네임은 '_NewJeans_'입니다. 인터넷에 '워뇨띠 투자법'이라고 하면서 여러 형태의 투자 글이 올라와 있는데 대부분 워뇨띠와는 상관 없는 글이고 실제 워뇨띠가 쓴 내용은 디시인사이드 글에서 확인이 가능합니다. '워뇨띠 디시글'로 검색해보면, 워뇨띠가 코인투자에 관해 사람들과 주고받은 대화 내용이 상세히 기록되어 있는 것을 볼 수 있습니다.

07

코인이 미국 기술주보다 변동성이 더 작다고?

자산별 상위 5개 종목 1일 가격 상승률 비교

아래는 서로 다른 투자 자산의 1일 가격 상승률 상위 5개 종목을 비교한 것입니다. 다음 중 어느 것이 코인 시장 가격 상승률일까요?(2024년 3월 28일 기준)

① 29%, 29%, 29%, 29%, 15%
② 37%, 32%, 30%, 18%, 17%
③ 19%, 12%, 11%, 5%, 5%

①은 국내 주식 시장입니다. (2024년 3월 28일, 코스피)

②는 미국 주식 시장입니다. (2024년 3월 28일, 나스닥)

③은 코인 시장입니다. (2024년 3월 28일, 국내 코인 거래소 업비트)

안정기에 접어든 코인 가격 변동성

위와 같은 자료를 보고 "이날 말고 다른 날과 비교하면 코인 시장의 가격 변동성이 주식보다 훨씬 크다."라고 반론할 수도 있을 것입니다. 그러나 코인 시장이 어느 정도 안정기에 접어들면서 시가총액이 상위권에 해당하는 코인들은 가격 변동성이 주식 시장과 비교했을 때 큰 차이가 나지 않고 있습니다.

예를 들어 코스피 시가총액 2위 기업인 하이닉스는 최근 1년간 2배 넘게 올랐고 나스닥 시가총액 3위 기업인 엔비디아는 1년간 4배 가까이 올랐습니다. 같은 기간 비트코인과 이더리움은 3배가량 올랐습니다. 국내 주식 시장의 경우 한국거래소에서 하루 최대 30%로 가격제한폭을 설정하여 투자자들의 안전을 도모하고 있는데, 코인 시장은 이러한 안전장치도 없으므로 도박이라는 반론도 제기할 수 있을 것입니다. 그러나 미국, 영국, 홍콩 등 금융 선진국의 주식 시장에서조차 가격제한폭 제도는 존재하지 않는다는 점에서 가격제한폭 제도가 없으니 도박이라고 하는 주장 역시 크게 설득력을 가지기 어렵습니다.

● **엔비디아**

2024년 4월 12일 종가 881.860달러

2023년 4월 12일 종가 264.950달러

주요 기술주
가격 변동

● **하이닉스**

2024년 4월 12일 종가 187,400원

2023년 4월 12일 종가 90,300원

VS

● **비트코인(업비트 기준)**

2024년 4월 12일 종가 99,901,100원

2023년 4월 12일 종가 39,901,000원

주요 코인
가격 변동

● **이더리움(업비트 기준)**

2024년 4월 12일 종가 4,822,000원

2023년 4월 12일 종가 2,537,000원

삼성전자 시가총액보다 4배 큰 비트코인
코인판 = 도박판? 오해 불식 근거들

과거 코인 시장은 개인 투자자가 주류를 이루었고 이 중 일부
는 단기간 빠른 이익을 얻기 위해 고율의 레버리지까지 활용하다
보니 '코인판은 도박판'이라는 오명이 생겼습니다. 그러나 2024년

1월 미국에서 비트코인 현물 ETF가 승인되면서 코인 시장에서 기관이 차지하는 비중이 빠르게 증가하고 있으며 비트코인 시가총액은 약 1,800조원(2024년 3월 기준)으로 삼성전자의 4배에 달하고 글로벌 기업인 구글, 아마존, 엔비디아, 애플과 비교해도 큰 차이가 나지 않습니다. 향후 코인 시장이 더 커지고 기관 투자 비중도 함께 늘어나면 코인 시장이 투기장이라는 오명은 자연스럽게 사라질 것입니다.

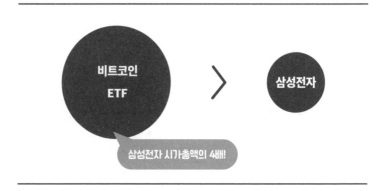

08

환경 운동과 코인은 왜 적대적인가?
(ft. 전력과 채굴량)

비트코인 채굴 전력량이
스웨덴 1년 전력량보다 많다고?

비트코인과 같이 작업증명◆ 방식을 통해 채굴이 이루어지는 코인의 경우 채굴 과정에서 소비되는 에너지가 매우 커서 환경 단체에서는 지속적으로 문제 제기를 하고 있습니다.

◆ **작업증명(PoW, Proof of Work)** : 컴퓨터 연산 작업의 신뢰도를 높이기 위해 참여 당사자 간 검증하는 방식. 비트코인은 중앙 네트워크가 아닌 분산 네트워크라 거래 내역 전체를 컨트롤할 수 없는 대신 채굴자를 통해 블록체인에 거래 내역을 기록하게 하고 보상으로 비트코인을 준다는 게 작업증명의 핵심 내용이다. 여기서 채굴은 컴퓨터로 수학 문제를 푼다는 정도로 이해하자. 수학 문제를 푸는 참여자가 많으면 연산 난이도는 높아지고 채굴 시간은 길어져서 비트코인을 받기 어려워진다.

중국에서는 2021년 전력난과 탄소중립을 이유로 공식적으로 비트코인 채굴을 금지하고 있습니다. 유럽연합의 경우 2022년 비트코인 채굴에 드는 전력량이 스웨덴에서 1년 동안 사용하는 전력량보다 많다면서 비트코인 채굴을 금지하는 법안이 발의되었다가 코인 업계 반대에 부딪혀 무산되기도 했습니다. 유럽연합에서는 여전히 비트코인 채굴이 환경에 부정적 영향을 미친다는 입장이며 2025년까지 채굴과 관련한 구체적인 규제 법안을 만들 것을 논의 중입니다.

어쩌다 비트코인 최대 채굴 국가가 된 미국

미국 에너지정보청(EIA)에 따르면 중국과 유럽에서 채굴 관련 규제가 심해지면서 관련 산업이 미국으로 이동했고 2024년 기준 미국이 전 세계 비트코인의 40%가량을 채굴하는 세계 최대 비트코인 채굴 국가로 급부상했다고 합니다. 이러한 미국에서조차 비트코인 채굴 산업에 소비되는 전력량이 기후 변화에 영향을 미칠 정도에 이르렀다고 판단하여 채굴 사업장의 전기 사용량 보고를 의무화하기로 한 상태이며 행정부는 채굴 산업이 환경과 국가 전력에 미치는 영향에 대해 면밀히 감시하겠다는 입장을 밝혔습니다.

이더리움은 친환경에너지로 코인 채굴을 선언

유럽, 중국, 미국에서 환경 규제 이슈가 생길 때마다 코인 가격도 영향을 받고 있으며 어느덧 코인 업계에서도 친환경은 트렌드로 자리 잡기 시작했습니다. 비트코인에 이어 코인 시장 시가총액 2위 자리를 차지하고 있는 이더리움의 경우 2022년 에너지 소모가 많은 작업증명 방식에서 지분증명* 방식으로 바꾸었고 친환경에너지를 활용한 채굴을 선언했습니다.

주요 채굴 기업들도 잇따라 친환경에너지를 이용하겠다고 발표하고 있습니다. 예를 들어 나스닥에 상장된 대표적인 코인 채굴 기업인 마라톤 디지털 홀딩스(Marathon Digital Holdings)는 2023년부터 중동 지방에 대규모 친환경 채굴장을 건설하겠다는 계획을 발표했고, 제네시스 디지털 에셋(Genesis Digital Assets)은 2022년 미국과 유럽에 친환경에너지를 이용한 비트코인 채굴 센터를 짓겠다고 발표했습니다.

테슬라의 창업자이자 CEO인 일론 머스크는 과거 비트코인을

◆ **지분증명(PoS, Proof of Stake)** : 이더리움의 거래 방식. 비트코인은 채굴자가 존재하지만 이더리움은 검증자가 존재하며 검증자의 보유 지분에 따라 이더리움을 보상으로 준다. 채굴자가 존재하지 않으므로 에너지 비용이 절감된다. 이더리움은 많이 가질수록 더 많이 갖게 된다. 그렇다고 무한대로 늘어나진 않는다. 비트코인과 달리 물량이 제한되어 있지 않지만 거래 수수료로 인한 소각분이 있기 때문이다.

통한 테슬라 차량 결제를 허용했다가 환경 이슈를 이유로 이를 번복한 적이 있습니다. 최근 친환경에너지로 채굴되는 비트코인의 비율이 50%가 넘어가면 비트코인을 통한 차량 결제를 다시 허용할 것이라고 함으로써 코인 채굴 업체에 친환경에너지 사용을 촉구했습니다.

코인 채굴이 환경을 파괴하고 있다는 것은 현재 진행 중인 문제입니다. 코인 채굴 업계에서도 이러한 문제점을 인식하고 있으며, 2021년 채굴이 가져오는 환경 문제로 인해 코인 생태계의 지속가능성이 파괴될 수 있다는 것에 대한 합의가 이루어지면서 미국 주요 채굴 업체들은 '비트코인채굴협의회'를 결성하여 환경 문제 해결을 위해 다각도로 노력하고 있습니다.

친환경 채굴을 선언한 마라톤 디지털 홀딩스 주가 추이(출처 : yahoo finance)

비트코인 반감기 도래 - 미국 채굴 회사의 전망은?

비트코인은 설계 당시 개수가 정해져 있고, 일정 개수가 채굴되면 양이 절반으로 줄어들도록 설계되었습니다. 비트코인은 탈중앙화 시스템입니다. 거래가 발생했을 때 은행처럼 장부를 관리하는 주체가 없지요. 그래서 채굴자 역할을 설정하고 이들에게 비트코인을 줘서 거래 내역을 블록체인에 기록하며 전파하게끔 유도했습니다. 그런데 4년에 한 번씩 오는 반감기가 와서 비트코인 채굴량이 줄어든다면? 채굴자들에게 갈 보상이 줄어들겠지요? 그래서 미국 채굴장들은 운영 비용을 낮추기 위해 전기료가 저렴한 지역이나 해외로 이전하고 있다고 합니다. 비트코인 반감기가 도래하면 미국이 최다 채굴 국가의 지위에서 내려올 수도 있겠네요.

미국 4대 비트코인 채굴 기업 대주주인 블랙록(출처 : 블랙록 홈페이지)

09

러시아 - 우크라이나 전쟁으로 정착된 코인 기부 문화

우크라이나를 위한 코인 기부 웹사이트 개설

2022년에 시작된 러시아-우크라이나 전쟁이 현재 진행 중이며 최근에는 중동 전쟁까지 터지면서 국제 사회의 우려가 커지고 있습니다. 다만 전쟁 중이라 하더라도 경제 활동은 계속 이루어지고 있다 보니 코인 시장에서는 전쟁이 코인에 어떠한 영향을 미치는지에 대한 데이터베이스가 쌓여가고 있으며, 이 과정에서 주목할 만한 몇 가지를 소개하고자 합니다.

러시아-우크라이나 전쟁이 기존 전쟁과 다른 부분은 코인을 통해 기부받는 문화가 정착하기 시작했다는 것입니다. 전쟁 중인 국가에 개인이 구호 목적으로 기부금을 보내려고 해도 그 방법을 찾는 것이 쉽지 않았는데, 이번 전쟁에서 우크라이나 정부는 비트코인, 이더리움, 솔라나, 도지코인 등의 코인을 기부받는 웹사이트 'Aid for Ukraine'을 개설하면서 길게는 며칠까지 걸리던 기부 시간을 최대 10분 이내로 단축시킬 수 있었습니다.

우크라이나 정부가 코인 기부를 위해
개설한 웹사이트.
기부 시간을 10분 이내로 단축했다.

자산 피난처로 비트코인 선택

전쟁 중인 국가의 국민들이 자국 화폐 가치가 떨어질 것에 대비하여 자산 피난처로 비트코인을 선택하면서 한동안 '비트코인 러시'가 이어진 부분도 주목할 만한 부분이었습니다. 인플레이션이나 전쟁 등으로 인해 법정화폐의 가치가 불안정해지는 경우 사람들은 자산 피난처로 안전 자산을 찾는 경향이 있으며 기존에는 금이 대표적인 자산 피난처에 해당했습니다. 그러나 전쟁 중에 금을 들고 피난을 가거나 국경을 넘는 것은 현실적으로 어려운 부분이 있습니다. 분실이나 절도의 위험이 있으며 국경을 넘는 경우 입국 과정에서 밀수 의혹을 받아 금 자체를 압수당할 위험도 존재합니다. 이와 달리 비트코인은 보유량에 상관없이 개인 지갑에 넣어 다닐 수 있으며 개인 지갑을 가지고 국경을 넘는다고 해도 특별히 제한을 받지도 않습니다. 실제로 2022년 3월 23일 미국 CNBC에서는 우크라이나의 한 남성이 친구와 직거래로 비트코인을 받은 후 지갑 주소를 USB에 담아 국경을 넘었고 폴란드에 있는 비트코인 ATM을 통해 비트코인을 현금화해 사용했다는 일화를 소개하기도 했습니다.

다만 전쟁 중인 국가에서 코인 사용이 증가한다고 해서 곧바로 코인 가격이 상승하는 것은 아닙니다. 러시아-우크라이나 전쟁이 한창이었던 2022년부터 2023년 사이 코인 시장은 크립토 윈터*를 겪었습니다. 또한 전쟁 중에는 기본적으로 달러나 금과 같은 안전 자산으로 자금이 몰리는 경향이 있는데 아직까지 코인은

◆ **크립토 윈터(crypto winter)** : 코인 가격이 급락하고 자금 유출이 계속되는 현상을 말한다. 2018년 1년간 버블이 붕괴된 시기를 크립토 윈터라고 부른다.

위험 자산으로 분류되고 있다는 점에서 전쟁이 코인에 미치는 영향에 대해서는 좀 더 지켜볼 필요가 있어 보입니다.

국경을 넘은 우크라이나인이 폴란드에서 비트코인을 현금화하는 영상 (출처 : CNBC Television)

10

그레이스케일은 어떻게 블랙록에 맞먹는 코인 투자사가 되었나?

세계 1위 블랙록에 뒤지지 않는 그레이스케일

2024년 비트코인 현물 ETF◆ 승인 과정에서 세계 1위 투자운용 사인 블랙록과 세계 2위 투자운용사인 피델리티의 영향력에 대해서는 언론에 여러 차례 소개되었습니다. 규모나 역사 면에서는 아직 블랙록과 피델리티에 비해 한참 모자라지만 코인 시장에서의 인지도만큼은 블랙록에 뒤지지 않는 회사가 있는데 바로 그레이스케일입니다.

그레이스케일은 가장 오랜 시간 비트코인 현물 ETF 승인을 준

◆　비트코인 현물 ETF 관련 내용은 265쪽 참고.

비해왔으며 이 과정에서 미국 증권거래위원회(SEC)와 법적 분쟁까지 가게 되었습니다. 2년 넘는 법적 분쟁 결과 2023년 미국 콜롬비아 연방항소법원이 그레이스케일의 손을 들어주었으며 이 판결 결과는 미국 증권거래위원회가 비트코인 현물 ETF를 승인하는 데 있어 결정적인 역할을 하게 되었습니다.

코인 신탁 상품을 팔다가 현물 ETF 전환 시도

그레이스케일은 코인투자를 전문적으로 하기 위해 디지털커런시그룹(DCG)이 출자하여 2013년 뉴욕에서 설립한 회사로 현재 16개의 코인 관련 신탁 상품과 비트코인 현물 ETF 상품을 판매하고 있으며 운용 규모는 한국 돈으로 100조원 이내입니다.

그레이스케일은 이더리움, 이더리움클래식, 솔라나, 비트코인캐시, 파일코인, 라이트코인, 스텔라 루멘 등 다수의 신탁 상품을 판매하고 있는데 신탁 상품에서 현물 ETF 상품으로 변경 신청을 순차적으로 하고 있는 상황입니다. 이번에 승인된 그레이스케일의 비트코인 현물 ETF(GBTC) 역시 10년가량 그레이스케일이 판매 중이던 비트코인 신탁 상품을 현물 ETF로 변경 신청한 것이며, 2024년 6월 미국 증권거래위원회의 승인 여부가 나오는 이더리움 현물 ETF 상품 역시 이더리움 신탁 상품을 변경 신청한 것입니다.

그레이스케일을 선두로 하여 미국에서는 코인투자를 목적으로 한 자산 운용사가 계속 생기고 있으며 그중에서도 ETFs의 전 CEO와 매튜 호건과 골드만삭스의 전 부사장 테디 부사로 등이 함께 만든 비트와이즈가 그레이스케일과 함께 코인 현물 ETF 시장 개척을 위해 적극적으로 노력하고 있습니다. 코인 시장에서 자주 등장하게 될 그레이스케일의 거취를 눈여겨보세요.

Crypto Products

Grayscale has pioneered the model of providing investors with exposure to crypto in the form of a security without the challenges of buying, storing, and safekeeping it

SYMBOL I NAME	AUM	NAV PER SHARE	NAV PER SHARE 1 DAY	MARKET PRICE/SHARE	MARKET PRICE/SI
GBAT Grayscale Basic Attention Token Trust	$4,668,824.07	$2.19	-3.10%	$13.90	10.76%
BCHG Grayscale Bitcoin Cash Trust	$142,350,828.11	$3.66	-4.94%	$11.00	-7.17%
GLNK Grayscale Chainlink Trust	$9,411,078.84	$12.58	-4.33%	$102.50	0.00%
MANA Grayscale Decentraland Trust	$11,573,384.06	$3.86	-3.02%	$24.00	3.23%

그레이스케일의 암호화폐 상품들(출처 : 그레이스케일 홈페이지)

11

코인베이스는 어떻게 미국 1등 거래소가 되었을까?
(ft. 나스닥 상장 & 스테이킹 사업)

주식 거래하듯 코인을 거래할 수 있다면?
에어비앤비 개발자 브라이언 암스트롱 등이 창업

코인베이스는 에어비앤비 개발자 출신인 브라이언 암스트롱과 골드만삭스 출신의 프레드 어샘이 2012년 함께 누구나 언제든 자유롭게 코인 거래를 할 수 있도록 하는 것을 목표로 만든 코인 거래소입니다. 브라이언 암스트롱은 비트코인을 처음 본 후 비트코인에 큰 매력을 느꼈으나 거래 방법이 지나치게 어려워 대중화되기는 어렵다고 생각했습니다. 이에 누구나 주식을 거래하듯이 간편하게 코인을 거래할 수 있는 플랫폼이 있으면 좋겠다고 생각했고, 에어비앤비에서 결제 시스템을 만들었던 경험을 바탕으로 코인베이스를 창업했습니다.

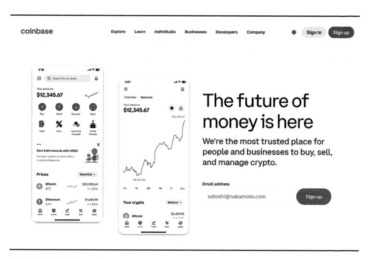

코인베이스 사이트(https://www.coinbase.com)

최초로 나스닥에 상장한 코인 거래소
코인 대신 코인베이스에 투자하여 변동성 줄이는 효과?

코인베이스는 코인 시장의 성장에 힘입어 미국 1위 코인 거래소로 급성장했으며 2021년 이미 세계 100개 이상의 국가에 진출했습니다. 이를 토대로 2021년 4월 코인 거래소 중 최초로 미국 나스닥에 상장했습니다. 상장 첫날 코인베이스 시가총액은 857억 달러로 한화로 100조원 규모였으며 암스트롱은 코인베이스 지분의 20%를 소유하고 있어 단숨에 주식 부자 대열에 이름을 올렸습니다. 코인베이스는 나스닥에 상장하면서 전통적인 금융 시장으로 편입했고 이로 인해 그간 코인투자에 대해 소극적이었던 투자자들의 인식도 많이 변하게 되었습니다.

개별 코인에 투자하면 가격 변동을 예측하기 어렵습니다. 따라서 고민하면서 코인을 고를 필요 없이 코인베이스에 투자하는 사람들도 늘어났습니다. 즉, 상승장에서 거래량이 증가하면 코인베이스의 수익률이 자연스럽게 오르기 때문에 코인베이스에 투자함으로써 가격 변동에 따른 위험은 줄이고 이득은 극대화하는 장점을 누릴 수 있는 것입니다. 참고로 코인베이스가 상장한 지 3년이 지난 지금까지도 나스닥에 상장된 코인 거래소는 코인베이스가 유일하여 나스닥 상장 코인 거래소라는 장점을 최대한으로 누리고 있는 상황입니다.

계속되는 고소 사태, 매출도 불안한 상황

그러나 코인베이스는 2022년부터 2023년 사이 수많은 악재를 겪기도 했습니다. 대형 거래소인 FTX의 설립자 샘 뱅크먼과 바이낸스의 CEO 자오창펑이 연달아 구속되는 사건이 이어지면서 코인 시장 자체의 신뢰도에 큰 타격이 생겼고 이로 인해 코인베이스도 7분기 연속 적자를 기록하기도 했습니다. 또한 2023년 6월에는 미국 증권거래위원회가 미등록 증권 판매 혐의로 코인베이스를 고소했고 해당 혐의에 대하여 아직까지 재판이 진행 중입니다. 미국 증권거래위원회는 코인베이스 외에도 리플, 바이낸스, 크라켄 등의 거래소도 고소한 상황인데 이에 대한 판결은 2025년 정도는 되어야 윤곽이 나올 것으로 예측됩니다. 미국 증권거래위원회가 미등록 증권으로 보고 있는 알트코인에는 솔라나(SOL), 카르다노(ADA), 폴리곤(MATIC), 파일코인(FIL), 샌드박스(SAND)와 같이 시가총액이 상위에 해당하는 알트코인 다수가 포함되어 있다 보니 코인베이스가 소송에서 불리한 판결을 받게 되는 경우 매출에 상당히 큰 타격을 입게 될 것으로 보입니다.

다만 2024년 2월 16일 코인베이스가 발표한 2023년 4분기 실적에 따르면 7분기 연속 적자에서 벗어나 흑자로 전환하는 등 시장의 예상치를 상회하는 어닝서프라이즈를 기록했다는 평가를 받고 있습니다. 스테이킹(코인을 코인베이스에게 빌려주고 코인베이스가 6% 정도의 이자를 주는 것) 및 코인 수탁 사업도 점차 자리를 잡고 있으며 코인 거래량도 계속 상승세에 있어 당분간은 흑자 상태가 지속될 것으로 보입니다.

하지만 암호화폐 거래소 말고 또 다른 거래소가 등장한다면 어떻게 될까요? 최근에 시카고상품거래소(CME)가 비트코인 거래를 검토한다는 뉴스가 나와 코인베이스 주가가 9% 이상 급락했습니다. 코인베이스 입장에서는 강력한 라이벌이 등장한 셈인데요. 앞으로 뉴스에서 이들을 주목해보는 것도 좋을 듯합니다.

12
우리나라 코인 거래소도 상장 가능성이 있을까?
(ft. 업비트와 빗썸)

국내 1위 거래소는 업비트, 2위는 빗썸

국내 코인 거래소 점유율은 업비트와 빗썸이 95% 이상을 차지하고 있으며 그중 업비트가 70~80% 가까운 점유율을, 빗썸이 15~25% 사이 점유율을 차지하고 있습니다. 업비트는 증권플러스라는 증권 앱을 운영하던 두나무가 그간의 기술력과 노하우를 살려서 2017년 출시했으며 빗썸은 업비트보다 이른 2014년 출시하여 2017년 한때 거래 금액 기준 세계 1위에 등극하기도 했습니다. 빗썸은 한동안 국내 거래소에서 압도적인 점유율을 기록했으나 2020년 하반기를 기준으로 낮은 수수료율과 유저 편의성을 극대화한 UI 제공을 무기로 한 업비트에게 따라잡혔고 현재까지도

격차를 좁히지 못하고 있는 상황입니다.

업비트는 미국에, 빗썸은 코스피에 상장 시도

2020년과 2021년은 코인 시장의 호황기였습니다. 이에 시장 호황에 따른 매출 성장에 힘입어 업비트는 미국 시장에 상장을 시도했으며 빗썸은 코스피에 상장하기 위해 노력했습니다. 그러나 2022년부터 2년 가까이 크립토 윈터라고 부를 정도로 코인 시장이 좋지 못했습니다. 미국 나스닥에 상장했던 코인베이스의 주가는 80%까지 떨어졌고 빗썸은 매 분기 적자로 고전을 면치 못하던 시기였기 때문에 코인 시장에서 한동안 상장 이야기는 이슈가 되지 못했습니다.

2023년부터 코인 시장에 다시 봄이 찾아왔으며 빗썸은 상장에 강한 의지를 보이고 있습니다. 최근에는 삼성증권을 주관사로 하여 2025년 코스닥 상장을 목표로 준비하고 있음을 공식적으로 밝혔으며 시장 상황에 따라 코스피 상장 가능성도 열어두고 있음을 알렸습니다. 반면 업비트의 두나무는 2024년 3월 열린 주주총회에서 국내 시장 또는 미국 시장에 상장할 계획과 관련하여 가능성은 열어두고 있으나 구체적인 계획이 있는 것은 아니라고 했습니다.

장외시장 거래 정보를 제공하는 증권플러스 비상장에 따르면 두나무의 현재 추정 시가총액은 4조 4,537억원(2024년 4월 7일 기준)

이고 빗썸의 경우 5,040억원(2024년 4월 7일 기준)입니다. 2021년 두 나무가 나스닥에 상장한다고 했을 때 코인베이스의 거래량 및 매출액과 비교하여 두나무가 미국 시장에 상장하는 경우 기업 가치가 30조원에 달할 것이라고 했는데 현재의 시가총액은 이에 비해 많이 저평가된 상황입니다. 빗썸의 경우 2022년 미국 코인 거래소 FTX와 4조원가량에 매각 협상을 진행했던 것을 고려해보면 빗썸의 현재 시장가도 업비트와 마찬가지로 다소 저평가된 상황입니다.

미국 비트코인 현물 ETF 승인 이후 성장동력 확보

빗썸이 의욕적으로 상장을 추진하고 있는 것과 달리 빗썸이 가지고 있는 오너리스크로 인해 상장이 어려울 수 있다는 전망도 존재합니다. 빗썸홀딩스의 전 의장이자 현재는 등기이사로 있는 이정훈이 1,100억원대 코인 관련 사기 혐의로 재판을 받고 있는데 아직 대법원에서 판결이 나오지 않은 상황이기 때문입니다. 다만 1심과 2심에서 모두 무죄 판결이 나온 경우 대법원에서 1심과 2심의 판결을 모두 뒤집고 유죄로 판단하는 경우는 극히 드문 만큼 현실적으로 오너리스크가 상장 과정에서 발목을 잡을 가능성은 크지 않을 것으로 보입니다. 업비트도 과거 송치형 의장이 1,500억원 상당의 자전거래 및 시세 조작 혐의로 재판을 받았으나 1심과 2심에서 모두 무죄 판결을 받았고 최근 대법원에서 최종적으로 무죄 판결을 받은 전례가 있기도 합니다.

미국에서 비트코인 현물 ETF가 승인된 후 시장에 유입되는 자금이 점차 증가하고 있는 상황이며 알트코인 현물 ETF 신청도 지속적으로 이어지고 있는 만큼 향후 코인 시장이 추가적으로 성장할 동력이 어느 정도 확보되었다고 볼 수 있는 만큼 업비트나 빗썸의 상장은 두 기업의 가치에 긍정적인 방향으로 작용할 것으로 보입니다.

13

국내 거래소에서 코인투자 하려면 은행계좌가 필요하다?

거래소와 연동된 은행계좌 개설부터!

코인투자를 하는 가장 일반적인 방법은 업비트, 빗썸과 같은 국내 코인 거래소에 가입을 하고 해당 거래소와 연동된 케이뱅크, 농협은행 계좌를 개설한 후 거래소에 돈을 원화로 입금하여 직접 코인을 구매하는 것입니다.

과거와 달리 은행계좌 개설이 비대면으로도 가능해졌기 때문에 코인 거래소 가입, 은행계좌 개설, 코인투자까지 하루 안에 전부 가능해지면서 직접 코인에 투자하는 사람들의 수가 지속적으로 증가하고 있습니다.

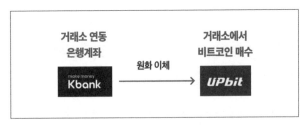

거래소 앱 설치하고 원화 입금 확인하기
나머지는 증권사 앱에서 주식투자 하는 것과 비슷

코인투자를 하려면 업비트, 빗썸 거래소 앱을 열고 원하는 코인을 검색해서 투자하면 됩니다. 이 과정은 증권사 앱에서 주식투자 하는 과정과 거의 비슷합니다. 참고로 비트코인은 1개당 1억원에 육박하지만 최소 5,000원부터 쪼개서 구매할 수 있습니다. 업비트 거래소의 경우 원화로 비트코인을 매수하면 거래 수수료는 0.05%입니다.

① 지점 : 원하는 가격으로 매수
   주문 체결
② 시장 : 현재 매도 물량 중 가장
   저렴한 가격으로 즉각 체결
③ 예약 : 감시 가격에 도달하면
   요청한 가격으로 체결

14

한국에만 있는
김치 프리미엄이란 무엇인가?

똑같은 코인도 한국에서 거래하면 더 비싸다?

김치 프리미엄(Kimchi premium) 또는 줄여서 '김프'란 한국에서 거래되는 코인의 시세가 해외 거래소 시세와 비교해 얼마나 높은지를 뜻하는 단어인데 공식적으로는 한국 프리미엄이라고 합니다. 해외 거래소보다 높은 시세가 형성되면 '김치 프리미엄이 끼어 있다.'고 하며 해외 거래소와 비슷한 가격을 형성하면 '김치 프리미엄이 빠졌다.'고 합니다. 원래는 투자자들 사이에서만 사용하던 용어였는데 2018년 박상기 법무부장관이 암호화폐 거래소 폐쇄 가능성을 언급하며 김치 프리미엄이라는 말을 쓰면서 대중적으로 사용하는 용어가 되었습니다. 국내 코인 거래소 중 업비트의 경우 구매 창에서 실시간으로 '글로벌 시세와 00% 이상 가격 차이 발생'이라는 식으로 상태 메시지를 제공하는 방법으로 김치 프리미엄에 대한 정보를 제공하고 있으며 온라인 사이트 '김프가(https://kimpga.com)'에서도 실시간으로 해외 거래소와 국내 거래소 사이 가격 차이에 관한 정보를 제공하고 있습니다.

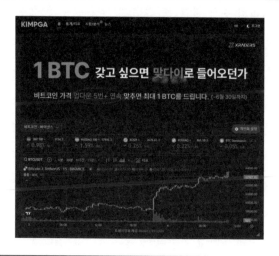

김치 프리미엄 정보를 제공하는 김프가 사이트(https://kimpga.com)

상승장일 때 김치 프리미엄 상승 과열 시그널이므로 주의!

평소에는 해외 거래소와 국내 거래소 사이에 가격 차이가 크지 않으나 상승장인 경우 국내 거래소 시세가 지나치게 높게 형성되는 경향이 있습니다. 2024년 초까지만 해도 국내 거래소 가격이 해외 거래소 대비 3% 정도 높은 수준이었는데 3월경 비트코인 가격이 처음으로 1억원을 찍으면서 해외 거래소 대비 10% 높은 김치 프리미엄이 붙기도 했습니다.

국내 시장이 코인에 대한 수요는 많은데 공급은 적은 것이 김치 프리미엄의 주요 원인이었습니다. 2023년 12월 블룸버그에서 보도한 기사에 따르면 2023년 9월부터 11월 사이에 비트코인 법정화폐 거래량 중 원화가 41%를 차지해 40%를 차지한 달러를 누르고 가장 거래량이 많은 통화였습니다. 금융 시장에서 원화와 달러의 영향력은 비교가 되지 않지만 코인 시장에서만큼은 원화가 더 강세일 정도로 국내 코인 수요가 극단적으로 높다는 것을 알 수 있습니다. 공급 측면의 경우 국내에서는 코인 채굴이 불법은 아니지만 전력 공급과 전기세 문제로 현실적으로 코인 채굴이 거의 이루어지지 않고 있는 탓에 높은 수요를 전혀 뒷받침해주지 못하고 있습니다.

국내 거래소 시세와 해외 거래소 시세 차이가 지나치게 많이 나는 경우 시장이 과열되었다는 시그널이므로 추가 투자를 하는데 있어서 주의할 필요가 있습니다.

15

코인투자는 하고 싶지만
거래소 파산이 걱정된다면?
(ft. 코인 보유사 or 채굴 회사 투자)

FTX나 마운트곡스 등 연이은 거래소 파산 뉴스

최근 미국의 FTX나 마운트곡스 등 대형 코인 거래소의 파산 소식으로 한참 떠들썩했습니다. 이런 뉴스를 듣다 보면 코인 거래소가 내 자산을 안전하게 지켜줄 수 있을까 하는 의문이 들기도 합니다. 은행의 경우 사고가 나더라도 예금자보호법에 따라 5,000만원까지는 예금 보호가 가능하지만, 코인 거래소에서 사고가 발생하는 경우 심하면 거래소에 보관하고 있는 코인이나 돈의 인출이 불가능할 수도 있기 때문입니다. 포트폴리오에 투자 대상으로 코인을 넣고는 싶지만 아직은 위험하다는 인식 때문에 코인 거래소를 통해 직접 투자 하는 것을 망설이는 사람들에게도 여러 가지 선택지가 존재합니다.

코인 대안 투자 1 - 코인 보유 상장 기업 투자

첫째는 코인을 많이 보유하고 있는 상장 기업에 투자하는 것입니다.

가장 유명한 곳이 30쪽에서도 언급했던 마이크로스트래티지입니다. 이 회사는 2024년 3월 기준으로 비트코인 20만 개를 보유하고 있는데 1개당 1억원으로 계산할 경우 20조원의 가치입니다. 마이크로스트래티지의 경우 2023년 주가가 저점일 때와 비교했을 때 2024년 현재 10배 가까이 주가가 오르면서 투자자 입장에서는 비트코인에 투자한 것보다 비트코인을 보유한 마이크로스트래티지에 투자한 것이 더 성공적인 투자가 되었습니다.

코인 대안 투자 2 - 코인 채굴 업체 투자

둘째는 코인 채굴 업체에 투자하는 것입니다.

미국 나스닥에 상장된 채굴 업체에는 마라톤 디지털 홀딩스(MARA), 라이엇 플랫폼즈(RIOT), 사이퍼 마이닝(CIFR), 클린스파크(CLSK), 코어 사이언티픽(CORZ) 등이 있습니다. 채굴 업체의 경우 채굴을 통해 다량의 코인을 보유하고 있기 때문에 코인 시장의 분

위기에 맞춰 주가가 오르락내리락하고 있습니다. 최근 비트코인과 알트코인의 가격이 전반적으로 상승하면서 대표적인 채굴 업체인 마라톤 디지털 홀딩스의 주가도 함께 급등했습니다.

tip

가짜 코인 거래소 앱 설치를 유도한 사기꾼들

주식투자 사이트에서 벌어지던 범죄 유형이 코인투자 사이트에서도 나타나 주의를 요하고 있습니다. 그중에서도 리딩방이나 단톡방에서 가짜 코인 거래소 앱을 설치하도록 유인한 후 코인을 찍어주고 이 코인이 급등하는 것처럼 조작하며 사람들에게 투자를 종용하는 식입니다. 코인뿐만 아니라 다양한 분야에서 딥페이크와 AI 기술로 무장한 범죄가 무분별하게 퍼지고 있습니다. 돈을 쉽게 버는 길은 없습니다. 끊임없는 공부와 노력만이 피 같은 내 돈을 지키는 확실한 방법입니다.

16

금리를 인상하면
코인 가격은 왜 하락할까?

코인 가격에 영향을 미치는 내재적, 외재적 요소

비트코인 반감기와 같이 특정 코인의 발행량이 감소하면 시장에서 희소성이 생기고 이에 따라 가격은 상승할 것으로 예상합니다. 이를 가격에 영향을 미치는 내재적 요소◆라고 합니다.

코인 가격은 시장에서 결정되는 만큼 다른 자산과 마찬가지로 통화량, 금리, 경제 지표 등 외재적 요소의 영향도 많이 받습니다. 예를 들어 미국 정부가 양적완화를 하면서 시장에 통화를 공급하

◆ 반감기 외 코인 가격에 영향을 미치는 내재적 요소로는 에어드랍이나 메인넷 출시 등이 있다. 에어드랍 관련 내용은 340쪽, 메인넷 관련 내용은 152쪽 참고.

기 시작하자 부동산이나 주식 등 투자 자산의 가격이 일제히 상승하기 시작했으며 코인 가격 역시 상승했습니다. 반대로 미국 정부가 양적완화를 마치고 인플레이션을 잡기 위해 2022년부터 금리를 인상하자 마찬가지로 투자 자산의 가격이 일제히 하락하기 시작했으며 코인 가격도 하락하여 크립토 윈터를 맞이했습니다.

금리 인하 뉴스에 주식과 코인 연일 상한가

미국 정부가 2022년 2월부터 2023년 7월까지 약 1년 반 동안 극단적 금리 인상 정책(자이언트 스텝)을 펼치면서 기준 금리가 0.25%에서 5.5%까지 상승했고 2024년 현재까지 기준 금리는 5.5%를 유지하고 있습니다. 2023년만 해도 급격한 금리 인상으로 인한 부작용으로 2024년에는 경기 지표가 악화될 것이라는 예상이 주를 이루었으며 경기 침체를 막기 위해 이르면 2024년 하반기 본격적으로 금리 인하 움직임이 있을 것이라고 전망했습니다. 2024년 금리 인하가 예상됨에 따라 2023년 말부터 2024년 초까지 주식 시장과 코인 시장은 금리 인하라는 호재를 선반영하며 연일 상한가를 기록했습니다.

그러나 막상 2024년 1분기 미국의 경제 지표를 확인해보니 생각보다 나쁘지 않았고, 연방공개시장위원회의 총재들이 공개석상에서 소비자물가지수(CPI)가 지금처럼 3% 수준을 유지한다면 금리 인하 시기를 늦추거나 금리 인하 횟수를 줄일 수도 있다는 취지의 말을 하면서 주식 시장과 코인 시장이 요동치기 시작했습니다.

소비자물가와 FOMC 회의 내용은 꼭 챙겨볼 것!

'금리 인하=통화량 증가=코인 가격 상승'이라는 생각을 가지고 코인에 투자한 것인데 코인 가격 상승의 전제 조건이 되는 금리 인하라는 조건이 틀어지게 되면 코인 가격 상승이라는 결과도 잘못된 것이 되기 때문입니다. 물론 코인 가격이 금리에 의해서만 전적으로 결정되는 것은 아니지만 코인 가격에 금리가 상당한 영향을 미치는 것은 분명합니다.

금리 인하 결정을 발표하는 FOMC의 연례 회의는 2024년 기준으로 5월 1일, 6월 12일, 7월 31일, 9월 18일, 11월 7일, 12월 18일에 있습니다. 매 회의는 2일간 진행되고 금리 발표는 회의 두 번째 날에 이뤄집니다. FOMC의 금리 인하에 가장 많은 영향을 미치는 경제 지표는 미국의 소비자물가지수와 근원소비자물가지수인데 이는 매달 10일 발표됩니다. 이에 코인투자를 하는 데 있어서 소비자물가지수 발표 날짜와 FOMC의 회의 일정을 눈여겨볼 필요가 있습니다.

17

트래블룰 덕분에 코인 범죄가 사라질까?
(ft. 입출금 내역 보관)

100만원 이상 입출금 내역을 보관해야 하는 의무

코인의 경우 전통 자산과 달리 입출금 내역이 체계적으로 관리되지 않고 있었던 점 때문에 범죄 수익 은닉에 사용된다거나 자금세탁 목적으로 악용된다는 비판을 꾸준히 받아왔습니다. 이에 정부에서는 국제자금세탁방지기구(FATF)가 권고하는 국제 기준에 맞춰 가상자산사업자(코인 거래소)에 지속적으로 여러 가지 의무를 부과했는데 트래블룰도 그중 하나입니다.

트래블룰이란, 코인 거래소를 통해 코인을 이동하려고 할 때 코인 거래소에서 코인을 보내는 사람(송신자)과 받는 사람(수신자)이 누구인지 확인하고 이들에 대한 정보를 보관하는 의무를 부과하는 제도입니다. 이 과정에서 개인이 신뢰할 수 없는 수신자에게 코인을 이동하려고 한다면 코인 거래소는 코인이 자금세탁이나 범죄에 악용될 가능성이 있다고 보아 이동 자체를 막을 수 있습니다.

개인 지갑 주소 등록 필수
국내 거래소는 트래블룰 솔루션 연동 필수
해외 거래소는 계정주 확인 서비스 연동 필수

트래블룰이 2022년부터 시행됨에 따라 ① 국내 코인 거래소에서 개인 지갑으로 코인을 이동하려면 개인이 직접 지갑 주소를 등록해야 하고(화이트리스트 신청) ② 국내 코인 거래소 간 코인 이동을 하려는 경우 코인을 받게 될 거래소가 반드시 트래블룰 솔루션이 연동되고 있는 거래소여야 하고 ③ 국내 코인 거래소에서 해외 코인 거래소로 코인을 이동하려면 해외 코인 거래소는 계정주(KYC) 확인 서비스가 연동되고 있는 거래소여야 합니다. 다만 현재까지 트래블룰은 거래 금액이 100만원 이상일 때에만 적용되며 100만원 미만인 거래에 대해서는 원칙적으로 트래블룰이 엄격하게 적용되지는 않습니다.

트래블룰이 시행된다고 하여 자금세탁 등 모든 범죄가 사라질 것을 기대하기는 어렵겠으나 적어도 코인 거래소가 자금 이동 경로에 관한 정보를 확보함에 따라 향후 범죄에 노출될 가능성은 상당 부분 줄어들 것으로 예상됩니다.

18

디지털화폐를 발행하면
조폐공사는 사라질까?
(ft. CBDC, 중앙은행 디지털화폐)

종이화폐와 달리 전자적으로 가치가 저장되는 CBDC

오늘날 대부분의 금전 거래는 인터넷뱅킹, 체크카드, 제로페이 등으로 이뤄져 현금 거래의 비중이 대폭 줄어들었다는 데에는 이견이 없을 것입니다. 돈의 디지털화 속도가 점차 빨라지고 있는데 그렇다면 국가가 애초에 종이화폐 대신 디지털화폐를 발행한다면 어떨까요? 바로 이런 논의에서부터 시작된 것이 CBDC입니다.

CBDC란 Central Bank Digital Currency의 약자로 직역하면 중앙은행 디지털화폐입니다. 기존의 실물화폐와 달리 가치가 전자적 형태로 저장되며 사용자 간 자금 이체 기능을 통해 지급결제가 이루어지는 화폐를 뜻합니다. 국가의 중앙은행이 발행하고,

중앙은행이 부채를 지고, 실제 화폐에 해당해 지불 수단으로 사용
가능합니다.

CBDC와 코인의 차이점

코인과는 어떤 차이가 있을까요? 첫째로 우선 발행자가 다릅니
다. 중앙은행이 주체가 되어 발행되는 CBDC와 달리 코인은 블록
체인 기술을 통해 사용자가 만듭니다. 따라서 CBDC의 경우 코인
과 달리 기존의 화폐와 동일한 교환 비율이 적용되어 가치 변동의
위험이 적습니다. 각 나라의 중앙은행이 발행하므로 화폐의 공신
력, 신뢰도가 높다는 점도 특징이죠.

둘째로 개인 정보 보호와 감독 관리의 측면에서 다릅니다. 코
인은 사용자에게 자산을 완전히 소유할 수 있는 자유를 부여하고
국가나 규제기관을 거치지 않고 직접 거래할 수 있습니다. 반면
CBDC는 전통적인 은행 시스템에 의해 규제되고 있습니다.

CBDC는 미국, 중국, 캐나다, 인도네시아, 독일 등에서 개발하
고 있고 우리나라 역시 CBDC 개발에 열을 올리고 있습니다. 한
국은행은 최근 미국, 영국, 일본 등 주요 기축통화국과 함께 디지
털화폐로 해외 송금을 비롯한 국가 간 지급결제 거래가 가능한
지 검증해보는 국제 실험을 진행하기도 했습니다. 국내외에서는
CBDC를 통해 화폐 발행·유통·폐기 비용이 줄어들고 정부가 자

본의 흐름을 더 쉽게 통제해 사기 등 금융 피해를 축소할 수 있다는 기대감이 커지고 있습니다. 종이화폐를 발행하지 않는다고 해서 조폐공사가 없어지지는 않을 듯합니다. 아마도 디지털화폐의 발행 주체가 되어 CBDC 유통 플랫폼을 준비하게 되겠지요.

조폐공사, CBDC(중앙은행 디지털화폐) 체계에서 역할 모색(출처 : 한국조폐공사 홈페이지)

개인의 프라이버시 침해 우려

다만 이에 대한 우려도 적지 않습니다. 중앙은행에서 디지털화폐로 발행하면 정부가 365일 24시간 개개인이 돈을 어디에다 사용했고 현재 돈이 어디에 있는지 일거수일투족을 감시할 수 있기 때문입니다. 이런 점에서 미국 현지에선 공화당을 중심으로 미국

CBDC 발행 반대 목소리가 커지고 있습니다.

CBDC와 코인의 차이를 정리해보면, CBDC는 중앙은행이 발행하고 관리하는 디지털화폐로 주로 결제 시스템의 효율성을 높이기 위해 사용됩니다. 반면 코인은 주로 투자 및 거래 목적으로 사용되며 탈중앙화된 시스템을 통해 운영된다는 것입니다.

	CBDC	코인
발행 주체	각국 중앙은행	일반 사용자
발행 목표	결제 시스템 향상을 위하여 사용	투자와 거래 목적 사용
시스템 유형	중앙화된 시스템	분산화된 시스템
특징	가치 변동 안정적 프라이버시 침해 우려	가치 변동 유동적

19

NFT는 코인이랑 뭐가 다른 걸까?

대체 불가능한 토큰 - NFT

최근 뉴스를 보면 NFT에 대한 관심이 뜨겁습니다. 삼성, LG, 신세계, 롯데, 하이브 등 국내 굴지의 대기업들도 NFT 사업에 뛰어들 정도인데 NFT가 무엇이기에 이렇게 화제가 되는 것일까요.

NFT(NFT, Non-Fungible Token)는 '대체 불가능한 토큰'이라는 뜻으로, 블록체인의 토큰을 다른 토큰으로 대체하는 것이 불가능한 가상자산을 말합니다. 쉽게 말하면 디지털 파일의 저작권, 소유권 이력 등을 블록에 기록하고, 불특정 다수가 블록을 확인해 원본을 증명해주는 것이죠.

예술계와 밀접한 관계를 맺으며 기술 발전

블록체인과 예술이 만나 제작된 세계 최초의 NFT는 지난 2014년 뉴욕대학교 교수이자 디지털 아티스트 겸 미디어 아티스트인 케빈 맥코이의 작품 '퀀텀'입니다. 맥코이가 창작자들이 수익원을 확보하면서 희소성도 유지할 수 있도록 고민 끝에 새로운 기술을 적용한 결과입니다. 당시 동료 개발자인 애닐 대시가 작품 정보, 링크 등을 담은 메타데이터를 블록체인 네트워크에 기록하는 프로토콜을 짰죠. 퀀텀은 그 상징성 덕분에 지난 2021년에 140만 달러(약 18억원)에 팔리기도 했습니다.

이후 NFT 기술 활용 범위는 점차 넓어지고 있는 추세입니다. 기업들이 NFT 활용을 온라인에 그치지 않고 오프라인 사업에 접

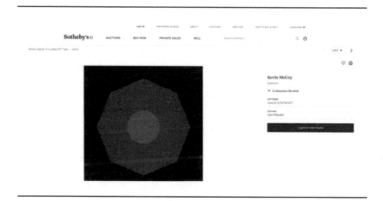

케빈 맥코이의 작품 '퀀텀'(출처 : 소더비 홈페이지 https://www.sothebys.com)

목하는 시도가 활발해진 덕이죠. 초창기 전자 그림 거래에만 치중됐던 NFT는 현재 유통·문화업계 등에서 다양한 사업 도구로 활용되며 쓰임새를 확장하는 중입니다.

코인은 교환 거래 가능, NFT는 교환 거래 불가능

이러한 NFT는 코인처럼 블록체인 기술을 기반으로 하지만 이 둘은 서로 다른 목적과 특징을 갖고 있습니다.

우선, 코인은 가치를 지니는 디지털화폐로 다른 코인과 1대 1로 교환이 가능한데 NFT는 서로 교환이 불가능한 디지털자산입니다. NFT는 각각의 디지털자산이 고유한 인식 값을 담고 있어 다른 NFT와 1대 1로 교환할 수 없습니다. NFT에는 작품의 소유권과 거래 이력이 명시되는데 이를 일종의 '디지털 정품 인증서'라고 할 수 있습니다.

'발행 방식'에도 차이가 있습니다. NFT 생성 프로세스는 더 복잡하고 시간이 오래 걸립니다. NFT 생성 프로세스는 일반적으로 아티스트, 생성자 및 개발자가 수행하는 반면 코인은 채굴이라는 프로세스를 통해 곧바로 생성됩니다,

NFT는 현재 그래픽 아트, GIF, 비디오, 수집품, 가상 아바타, 음악 등 다양한 분야에 적용돼 고유성을 가진 가상자산을 만드는 데 적극적으로 사용되며 주목받고 있습니다.

NFT에 대한 우려도 존재합니다. 코인과 마찬가지로 NFT에도 투기 광풍이 불어 지난해 엄청난 버블이 끼며 일단 사고 보는 묻지 마 투자가 이루어지기도 했습니다. 또한 NFT 발행 과정에서 다른 사람의 이미지를 이용해도 저작권 위반에 걸리지 않아 분쟁이 일어나는 등 다양한 분야에서 법제화 등의 후속 작업이 요구되고 있는 상황입니다.

20

법정통화와 연동시킨 게 스테이블코인?
(ft. 달러 페깅 테더(USDT))

변동성 축소를 위해 탄생한 스테이블코인

해외 암호화폐 거래소를 이용하는 분들은 테더(USDT)가 익숙할 것입니다. 테더는 미국 달러와 가치를 연동시킨 스테이블코인◆ 중 하나로, 2023년 빗썸을 시작으로 국내 암호화폐 거래소에서도 테더의 거래를 지원하기 시작했습니다.

스테이블코인은 코인 시장의 높은 변동성을 피하기 위해 개발되었습니다. 가격 변동성을 줄이고 법정화폐와 마찬가지로 가치의

◆ **스테이블코인(Stablecoin)** : 법정통화와 동일한 가치를 갖는 디지털화폐를 말한다. 비트코인이나 이더리움은 실시간으로 가격이 변하지만 스테이블코인은 가치 변동이 없는 편이다.

척도가 되는 동시에 가치의 저장 기능을 갖고자 했습니다. 즉 스테이블코인이 가지는 핵심 가치는 안정성 및 지속가능성입니다.

2019년 10월, 우리나라도 회원국으로 있는 FSB(금융안정위원회)는 스테이블코인에 대해 다음과 같이 정의했습니다.

"스테이블코인이란 비트코인 등 기존 암호자산의 높은 가격 변동 문제를 해결하기 위해 통화, 상품 등의 자산을 담보로 가치의 안정을 도모하는 암호자산으로 정의할 수 있다."

-FSB(Financial Stability Board, 금융안정위원회)

달러와 연동(페깅)시킨 테더가 대표 주자

이런 스테이블코인 중 가장 많은 코인의 형태는 달러(USD)와 연동하는 형태입니다. 여기서 연동이라는 것을 스테이블코인에서는 페깅(Pegging, 사물을 단단히 고정하는 것)한다고 합니다. 스테이블코인은 달러 외에도 금과 같은 안전 자산과도 연동되어 있습니다. 하지만 스테이블코인의 가치가 완벽히 안정적인 것은 아닙니다. 스테이블코인의 목표는 연결된 통화의 가치를 유지하는 것이고, 해당 통화의 가치가 변화하게 되면 스테이블코인 또한 그만큼의 가치 변화가 생기게 되기 때문입니다.

다양해지는 스테이블 방식
법정화폐 담보형, 암호화폐 담보형, 알고리즘 기반형

스테이블 방식은 연동 방식에 따라 법정화폐 담보형, 암호화폐 담보형, 알고리즘 기반형으로 분류됩니다.

법정화폐 담보형은 발행사가 보유하고 있는 달러만큼만 스테이블코인을 발행하는 방식으로 가장 많이 활용되고 있습니다. 대표적인 법정화폐 담보형 스테이블코인에는 USDT, USDC, BUSD가 있는데, 이 중 USDT를 제외한 USDC와 BUSD는 미국 정부의 엄격한 규제 아래 현금과 미국 국채만을 담보로 스테이블코인을 발행 중입니다.

암호화폐 담보형은 법정화폐에 그 가치를 연동하는 대신 일정량의 암호화폐를 담보로 맡긴 뒤 고정된 비율에 따라 담보물에 해당하는 스테이블코인을 빌려 쓰는 것을 뜻합니다. 실물 달러와 직접적인 교환은 불가능하지만 높은 담보 비율로 안정성이 담보되고 탈중앙화되어 검열이 불가능하다는 특징이 있습니다. 대표적인 암호화폐 담보형 스테이블코인에는 DAI, EOSDT가 있습니다.

알고리즘 기반형은 담보 없이 분산형이지만 중앙은행의 통화 발행 접근법과 유사하게 스테이블코인 총량을 관리하는 알고리즘을 통해 가격 안정을 달성하는 방식입니다. 일반적으로 두 가지 이상의 암호화폐를 결합하여 발행하며 알고리즘을 통해 두 암호화폐의 가치 비율이 일정하게 유지되도록 합니다. 대표적인 알고리즘 기반형 스테이블코인에는 UST, USDN, FEI 등이 있습니다.

법정화폐 담보형 스테이블코인	암호화폐 담보형 스테이블코인	알고리즘 기반형 스테이블코인
USDT, USDC, BUSD…	DAI, EOSDT…	UST, USDN, FEI…

점점 더 규제 속으로

스테이블코인은 안정성이 높은 법정화폐와 변동성이 큰 코인이 결합했다는 특징으로 발행 초기부터 정부의 규제 대상이 되었으며 2023년 4월 20일 유럽연합(EU)의 가상자산 규율 법안인 미카(MICA)가 가이드라인이 되어주고 있습니다. 해당 법안은 자금세탁 방지 및 시장 관리·감독 규정과 함께 스테이블코인 발행자가 충분한 준비금을 보유하도록 규정했습니다. 해당 법안은 2024년 하반기 시행 예정이며 우리나라도 이를 바탕으로 제22대 국회에서 가상자산법 논의가 탄력을 받을 예정입니다.

스테이블코인은 법정화폐와 결합을 통해 안정성과 지속가능성을 높이기 위해 노력하고 있으나 여전히 코인이 가지는 여러 특징을 가지고 있습니다. 법정화폐와 페깅(연동)을 유지하지 못하는 문제, 보유량이 부족한 문제, 소송에 휘말리는 문제 등에 노출되고 있습니다. 이에 스테이블코인 역시 그 태생이 코인이라는 점을 항상 유의해야 할 것입니다.

21

투자자를 현혹하는 스캠코인이란?
(ft. 진도지코인)

투자자를 속여 투자금을 유치하는 행위

코인에 대한 관심이 높아지면서 스캠코인으로 인한 피해 사례도 증가하고 있습니다. 사실과 다른 내용으로 투자자를 현혹해 투자금을 유치하는 행위를 스캠(scam)이라 하고 이런 목적으로 발행하는 코인을 스캠코인이라고 합니다. 새로운 코인을 만드는 것 자체는 블록체인 기술에 대한 깊은 이해 없이도 가능하다 보니 범죄 목적으로 스캠코인을 발행하는 사례가 생기고 있습니다.

스캠코인은 크게 거래소 상장 전 스캠코인과 상장 스캠코인으로 분류할 수 있습니다.

국내에서 가장 유명한 상장 전 스캠코인은 도지코인을 패러디해 만든 진도지코인입니다. 시바견이 마스코트인 도지코인의 화제성을 따라 만든 코인으로 한국형 K-도지코인이라고 하며 상장을 보장하며 많은 투자자를 끌어모았으나 개발자가 진도지코인 전체 물량의 15%가량을 하룻밤에 매각하여 가격이 97%까지 급락한 사건이 있었습니다. 밈코인*의 경우 백서 내용이나 향후 청사진보다는 해당 코인의 유명세에 주목하기 때문에 상당수의 상장 전 스캠코인 사기가 밈코인에 집중되어 있습니다.

갈수록 피해가 커지는 상장 후 스캠코인

상장 전 스캠코인의 경우 그 자체로 엉성하여 코인에 지식이 없는 투자자들을 대상으로 하거나 밈코인을 기반으로 하는 경우가 많은데, 상장 스캠코인의 경우 개발자를 고용하고 커뮤니티를 운영하며 거래소에 정식으로 상장까지 시키며 그럴듯한 코인처럼 보이게 하면서 장기간에 걸쳐 투자자를 끌어모읍니다. 상장된

◆　**밈코인(Meme Coin)** : 인터넷 커뮤니티나 SNS에서 유행하는 것을 상징으로 하여 만든 코인. 그 대상이 동물일 때도 있고, 실존하는 인물일 때도 있고, 캐릭터일 때도 있다. 대표적 밈코인은 도지코인이며 자세한 내용은 361쪽 참고.

코인이 스캠코인일 것이라 생각하기 어려운 투자자들의 심리를 역이용하는 것이며 이로 인해 피해자의 수나 피해 규모도 상장 전 스캠코인에 비해 큰 편입니다. 상장 스캠코인의 경우 유명 기업이나 기관들과 업무 협약을 맺었다고 하거나 투자를 받았다고 홍보하며 구체적인 청사진을 제시하다 보니 실제 많은 피해자가 발생하기 전까지는 스캠코인인지 여부에 대해 명확히 알기 어려운 부분이 있습니다. 예를 들어 센트라코인의 경우 ICO◆ 당시 세계적인 복싱 선수 메이웨더가 홍보했고, 비자카드와 마스터카드와 업무 협약을 맺었다는 식으로 홍보하며 투자자를 끌어모았습니다.

쉽고 빠르게 돈을 벌 수 있다고 홍보하면? 의심해볼 것!

코인 관련 기술에 대한 이해도가 높은 전문가라면 스캠코인을 골라내는 것이 그리 어려운 일이 아닐 것이지만 일반 투자자 입장에서 스캠코인을 구별하는 것은 쉬운 일이 아닙니다. 이에 스캠코인으로 인한 범죄에 연루되지 않기 위해서는 반드시 '이렇게 좋은 투자 기회가 왜 나한테 왔을까?'라고 투자에 앞서 스스로에게 물어보고, 적어도 투자 전에 해당 코인에 관한 정보를 찾아보는 습관을 가져야 할 것입니다.

◆　**ICO(Initial Coin Offering)** : 주식의 IPO와 비슷한 개념으로 자세한 내용은 145쪽 참고.

22

상승장인데도 상장폐지?
K 코인 투자 주의보?
(ft. 루나 코인)

루나 코인 의구심 - 폰지사기가 목적이었을까?

K 코인의 위험성을 알린 대표적인 코인은 루나(LUNA) 코인입니다. 국내 최대 거래소인 업비트 기준 시가총액 4위, 세계 최대 거래소인 바이낸스 기준 시가총액 10위의 메이저 알트 코인이었던 루나 코인의 가격이 2022년 5월 불과 1주일 사이에 10만원에서 1원까지 떨어지는 충격적인 일이 발생했고 시가총액 50조원이 증발했습니다. 루나를 개발한 테라폼랩스의 대표 권도형은 처음부터 폰지사기를 목적으로 해당 코인을 만든 것이 아니냐는 혐의를 받고 있으며 미국과 한국에서 사기, 횡령, 배임, 증권법 위반 등의 혐의로 재판을 앞두고 있습니다.

연이은 K 코인 상장폐지

2023년 4월 코인 투자자 사이에서 납치·살해 사건이 일어나고 이후 시세 조작 문제와 상장피(거래소에 거액의 돈을 주고 불법적으로 상장하는 것) 문제가 제기된 퓨리에버 코인 역시 K 코인이었습니다. 유통량 문제로 거래소 상장폐지 후 2023년 2월 코인원에서 재상장되며 논란이 있었던 위믹스(WEMIX)나 실명 확인 계좌 발급 문제로 거래소에서 상장폐지 후 최근 1년 만에 재상장된 페이코인(PCI)도 K 코인입니다.

비트코인 반감기 이슈와 미국 비트코인 현물 ETF 승인 등 대형 호재가 이어지면서 코인 시장이 상승장으로 진입하고 있음에도 불구하고 국내 거래소에서 K 코인은 여전히 상장폐지 신세를 면치 못하고 있습니다.

2024년 1월에는 갤럭시아(GXA), 2월에는 썸씽(SSX), 3월에는 오르빗체인(ORC)과 플레이댑(PLA)이 나란히 상장폐지 수순을 밟았습니다. 시장에서는 지속적으로 K 코인이 보안에 취약하다는 평가가 있어왔는데 갤럭시아, 썸씽, 오르빗체인, 플레이댑은 최근 수백억에서 수천억 규모의 해킹을 당하면서 시장에서 퇴출되었습니다. K 코인은 보안 취약성 외에도 대부분 거래가 국내에서만 이루어지다 보니 시세 조작에도 취약하다는 문제점도 제기되고 있으니 투자 시에 각별히 주의할 필요가 있습니다.

상장 후 4년 이상 거래 중인 코인은 소수에 불과

국내 거래소에서 4년 이상 상장되어 현재까지도 안정적으로 거래가 이루어지고 있는 K 코인에는 카카오와 물류데이터 협업 이슈가 있었던 디카르고(DKA), 두나무와 카카오게임즈가 투자한 보라(BORA), 야놀자 코인으로 유명한 밀크(MLK), 네이버가 투자한 메디블록(MED) 등이 있습니다. 해당 코인들의 경우 2021년 최고점을 찍은 후 크립토 윈터를 거치며 가격이 폭락했다가 현재는 조금씩 가격을 회복하고 있어 K 코인 중에서는 향후 시세 상승을 눈여겨볼 만합니다.

루나 사태를 다룬 '그것이 알고 싶다' 동영상(출처: '그것이 알고 싶다' 유튜브)

23

코인 경제 생태계를 만드는 토크노믹스
(ft. 넷마블 마브렉스)

생태계를 유지하려면 보상이 필요하다

토크노믹스란 암호화폐를 의미하는 단어인 토큰◆과 경제학을
의미하는 단어인 이코노미가 합쳐진 용어입니다. 이 용어가 탄생
한 계기를 살펴보려면 비트코인을 만든 사토시 나카모토의 고민
부터 알아볼 필요가 있습니다. 사토시는 탈중앙화된 새로운 금융

....

◆ **토큰(Token)** : 블록체인 서비스는 채굴이나 거래 수수료를 지불하기 위해 코인을 보상 수단으
로 가진다. 대다수 블록체인 서비스는 계속 자가발전하면서 업데이트되는데 이 과정에서 지
불되는 게 토큰이다. 토큰은 응용 서비스가 독자적인 서비스로 발전할지 모르는 상태(테스트
넷, testnet)에서 지불된다. 응용 서비스가 독자적인 플랫폼으로 발전하면 메인넷(mainnet)이
되며 이때 코인이 지불 수단으로 등장한다. 자세한 내용은 152쪽 참고.

시스템을 만들어 이것이 기존의 금융 시스템을 대체하기를 원했습니다.

그런데 탈중앙화된 금융 시스템을 만들기 위해서는 자신들의 컴퓨터를 분산 네트워크망에 참여시킬 다수의 개인들이 필요합니다. 이 개인들이 바보가 아닌 이상 아무것도 주지 않는데 이 분산 네트워트망에 참여하지 않겠지요? 자신들의 전기세와 컴퓨터 성능을 바쳐야 하는데 어떠한 보상도 얻지 못하고 손해만 보게 되니까요. 그렇기에 사토시는 보상이 있는 곳에 공급이 있다는 경제학의 원리를 도입합니다. 이런 네트워크망에 참여하는 사람들에게 비트코인이라는 코인을 보상으로 주기로 한 것이죠.

다시 말해서 비트코인이 먼저 있던 것이 아니라, 탈중앙화 금융 시스템과 분산 컴퓨팅 블록체인 기술을 만들고자 하는 마음이 먼저 있었고 비트코인은 이를 달성하기 위한 도구로 사용되었던 것입니다. 이렇듯 경제학이라는 개념이 들어와야 코인 생태계가 유지될 수 있기에 이런 설계를 하는 것을 토크노믹스라고 부릅니다.

점점 더 복잡해지는 토크노믹스 보상 설계도

비트코인은 최초의 암호화폐입니다. 그 이후 코인들은 계속 진화를 해왔기에 요즘의 토크노믹스는 단순하게 채굴 네트워크망에 참여를 하면 비트코인을 준다는 1세대의 개념보다 훨씬 복잡

합니다. 비트코인은 단순하게 채굴하면 비트코인을 준다는 보상만을 가지고 있지만 요즘 나오는 암호화폐들은 그 보상의 방안이 훨씬 다양합니다. 유틸리티 토큰은 특정 토큰을 가지고 있으면 어떤 서비스나 제품을 구매할 수 있도록 만들어졌고, 거버넌스 토큰은 가지고 있으면 해당 코인의 개발과 방향성에 대한 투표를 할 수 있도록 만들어졌습니다. 증권형 토큰은 가지고 있으면 수익의 일부를 배당받을 수 있도록 만들어졌고요.

예를 들어 넷마블에서 만들었으며 빗썸에 상장이 된 마브렉스 (MBX)라는 코인의 토크노믹스를 살펴보면, 이 토큰을 가지고 있을 경우 예치 시 연이율 30%에 해당하는 MBX를 이자로 받을 수 있습니다. 그뿐만 아니라, 마브렉스는 게임 회사인만큼 메타버스 게임 사이트를 별도로 운영하고 있는데 이 사이트에서 게임을 즐기는 데 MBX 토큰을 이용할 수 있습니다. 또 NFT◆를 민팅 (Minting)◆◆하는 데 MBX가 사용되기도 하고, 자신만의 NFT 캐릭터를 키우는 데 MBX를 먹이로 줘 부스팅을 할 수도 있습니다. 이렇게 키운 NFT 캐릭터를 시장에 팔 경우 단순하게 MBX를 파는 경우보다 훨씬 높은 수익률을 얻을 수 있고요.

....

◆　　**NFT(Non-Fungible Token)** : 대체 불가능한 토큰이란 뜻으로 희소성을 가진 디지털자산을 담은 토큰을 말한다. 88쪽 참고.

◆◆　**민팅(Minting)** : 사전적 의미는 화폐를 주조한다는 것. NFT를 만들기 위해 블록체인 기술을 활용하여 디지털 콘텐츠에 고유한 자산 정보를 부여하고 가치를 매기는 것을 말한다.

국내 암호화폐 거래소 코빗에 상장된 넷마블 마브렉스 코인(출처 : 넷마블 홈페이지)

투자하기 전 코인별 백서 필독!

이렇듯 요즘 설계되는 암호화폐들은 다양한 토크노믹스를 가지고 있으며 코인 투자자들은 투자 전 꼭 토크노믹스를 살펴볼 필요가 있습니다. 이를 살펴보기 위해서 가장 좋은 것은 백서◆를 읽어보는 것입니다. 백서에는 이 토큰이 어디에 사용될 수 있는지, 코인 생태계의 운영은 독단적으로 이루어지는지 아니면 투표를 통해 이루어지는지 등 다양한 정보들이 담겨 있습니다.

....

◆　백서에 관련된 내용은 252쪽 참고.

24

미국 증권거래위원회(SEC)가 증권으로 판단한 코인들은?

코인 시장의 뜨거운 화두, 증권성 논쟁에 관하여

리플, 에이다, 솔라나, 폴리곤, 파일코인, 샌드박스, 엑시 인피니티, 칠리즈, 플로우, 니어 프로토콜, 대시, 인터넷컴퓨터, 알고랜드, 코스모스, 코티, 디센트럴랜드, 오미세고.

위에 나열한 코인들 사이에는 어떠한 공통점이 있을까요? 바로 미국 증권거래위원회(SEC)가 증권으로 판단한 코인이라는 점입니다.

미국 증권거래위원회는 미국 코인 거래소인 코인베이스와 크라켄에 상장된 위 코인들이 증권에 해당한다고 하며, 코인베이스와 크라켄을 증권 거래소 자격 없이 미등록 증권을 판매한 혐의로 고소했습니다. 미국 증권거래위원회는 이 외에도 리플의 증권성 여부 문제를 가지고 오랜 시간 법정 다툼을 하고 있습니다.

리플, 소송에 지면 환수 금액만 1조원 육박

증권성 문제는 코인 시장의 근간을 흔들 정도로 매우 큰 문제입니다. 만약 미국 증권거래위원회의 주장처럼 대부분의 코인이 증권에 해당한다면 증권 등록 없이 코인을 발행하며 판매한 코인 회사와 이를 중개한 코인 거래소는 거액의 벌금과 형사 처벌을 받기 때문입니다. 증권거래위원회가 현재 소송 중인 리플에 요구하고 있는 환수 금액만 해도 1조원 가까이 됩니다.

미국 증권거래위원회는 증권성 여부를 판단하는 데 있어 하위 테스트(Howey Test)라는 기준을 적용하는데 이에 따라 대부분의 코인(약 6,000개)이 증권에 해당한다고 주장하고 있습니다.

하위(Howey) 테스트로 증권 여부 판가름

하위 테스트는 ① 자금 투자가 이뤄지고 ② 그 자금이 공동사업에 투자되고 ③ 투자에 따른 이익을 기대할 수 있고 ④ 그 이익은 타인의 노력으로 발생하는지 등을 기준으로 증권인지 여부를 판단합니다.

미국 증권거래위원회가 증권성 여부를 판단하는 데 사용하는 하위 테스트는 1946년 만들어진 이론인데 80년도 넘는 이론을 가지고 코인 시장을 규제하게 될 경우 시장에 주는 피해가 너무 크다는 비판이 제기되고 있습니다. 그러나 아직까지 미국에서는 코인과 증권 여부를 구별할 수 있는 새로운 법안이나 판례가 나오지 않은 상황이어서 하위 테스트가 여전히 그 기준이 되고 있습니다.

'책임 있는 금융 혁신법' 논의가 규제 여부 판가름

최근 미국 의회에서 코인 투자자 보호에 맞춘 '책임 있는 금융 혁신법(RFIA)'에 대한 논의가 이루어지면서 코인이 증권성 문제에서 벗어날 수 있는 기반을 마련해줄 것으로 기대하고 있습니다. 위 법에서는 코인을 증권이 아닌 부수자산(ancillary asset)이라는 새로운 형태의 자산으로 규정하고 있는데 이 법에 따른 부수자산 기준만 충족하게 되면 미국 증권거래위원회의 규제를 받을 필요가 없게 됩니다.

책임 있는 금융 혁신법은 2023년 유럽에서 제정된 '가상자산시장법(MiCA)' 등을 참조하며 수정 중에 있다고 하는데, 법안이 통과될 경우 코인의 증권성에 관한 논쟁이 상당 부분 해소될 것으로 보입니다.

25

국내 법원은 코인 관련 소송을 어떻게 판결하고 있을까?

미국보다 더 엄격한 기준을 적용하는 국내 법원

미국은 규제 기관인 미국 증권거래위원회(SEC)가 대부분의 코인을 증권으로 판단하며 대규모 소송전이 벌어지고 있습니다. 우리나라 법원에서는 코인을 어떻게 보고 있을까요?

먼저 미국과 달리 우리나라에서는 '코인의 증권성 여부' 자체가 법원에서 판단된 적이 없습니다. 우리나라 규제 기관인 금융위원회에서는 증권성 여부를 판단하는 데 있어 미국에서 사용하는 하위 테스트를 기준으로 삼고 있지 않고 이보다 더 엄격한 기준을 요구하는 '자본시장법상 규정'을 기준으로 하고 있기 때문입니다.

하위 테스트에서는 '투자 수익에 대한 합리적 기대'를 증권 판단의 하나의 기준으로 삼고 있는데 자본시장법에서는 투자 수익에 대한 합리적 기대를 넘어 손익을 귀속받는 계약상의 권리까지 요구하고 있습니다.

예를 들면 미국에서는 코인 발행사가 투자자를 모집할 때 투자한 코인이 향후 가치가 오르면 수익을 볼 수 있다는 기대감만 주면 증권이라고 볼 수 있는데, 우리나라에서는 좀 더 구체적으로 투자의 결과 어떠한 수익권을 줄지에 대한 계약까지 이루어져야 증권으로 볼 수 있습니다. 이러한 엄격한 기준을 적용하다 보니 우리나라에서는 아직 규제 기관에서 코인 발행사를 미등록 증권 발행으로 고발하거나 코인 거래소를 증권 거래소 자격 없이 미등록 증권을 판매한 혐의로 고발한 사례가 나오지 않고 있습니다.

판결 사례 1 - 범죄 수익으로 받은 비트코인을 몰수 O

코인의 증권성과 관련한 판결은 아직 존재하지 않지만 우리 사회에서 발생하는 코인 관련 사건에 대한 판결은 여러 번 있었습니다.

2018년 대법원에서는 인터넷 불법 음란물 사이트를 운영하면서 사이트 사용료로 받은 216비트코인은 범죄 수익에 해당하여 몰수할 수 있다고 판결했습니다. 1심은 "물리적 실체 없이 전자 파일 형태인 비트코인을 몰수하는 것이 적절하지 않다."라고 판단했는데 대법원은 비트코인이 물리적 실체 없이 전자 파일 형태인 것은 맞지만 거래소를 통해 거래되고 물건을 구매하는 데도 사용할 수 있으므로 몰수할 수 있다고 판단했습니다.

판결 사례 2 - 하드웨어용 암호화폐 지갑은 몰수 ✕

2023년 서울고등법원에서는 마약 거래 당시 사용한 하드웨어형 암호화폐 지갑에 대해서는 몰수할 수 없다는 판결이 나왔습니다. 코인의 경우 곧바로 몰수할 수 있지만 코인이 들어 있는 암호화폐 지갑에는 범죄와 무관한 다른 코인도 들어 있을 수 있기 때문에 범죄와 관련한 코인만 따로 인출하여 몰수해야 한다는 것이었습니다.

판결 사례 3 - 코인은 연 20% 이자제한법 적용 ✕

우리나라에는 이자제한법이라고 하여 금전을 빌려줄 때 연 20%를 초과한 이자를 받는 경우 연 20%를 초과한 부분에 대해서는 계약이 무효가 됩니다. 코인을 빌려줄 때도 이와 같이 연 20%까지만 이자를 받을 수 있는지에 대해 2020년 서울중앙지방법원에서는 비트코인 30개를 빌려주고 월마다 1.5개의 비트코인을 이자(월 5%, 연 60%에 해당)로 받는 계약은 유효하다고 판단했습니다. 이자제한법은 금전에 관한 내용만 규정하고 있는데 비트코인은 금전이 아니므로 이자제한법상 규정이 적용되지 않는다고 한 것입니다. 이러한 판결 내용에 따라 대부업체가 이자제한법을 우회하여 가상자산투자업체를 만들어 코인을 빌려주고 고액의 이자를 받고 있는 상황입니다.

바이낸스 창업자 미국 징역 4개월 실형!

2024년 4월 30일, 세계 최대 암호화폐 거래소인 바이낸스 창업자 자오창펑이 자금세탁 혐의로 4개월 실형을 선고받았습니다. 이는 미 검찰이 구형한 징역 3년보다 줄어든 것으로 미국 연방 권고 가이드라인에 따른 징역 1년 6개월에도 미치지못하는 수준입니다. 자금세탁 혐의를 받은 자오창펑은 고객 자금을 빼돌린 혐의와 북한과 이란, 우크라이나 등 제재 대상에 있는 사용자와 거래를 중개한 행위도 포함되었습니다. 그는 미 정부와 43억 달러 벌금을 내기로 합의했으며 바이낸스 CEO직에서도 사임했다고 합니다. 자오창펑이 받은 형량은 FTX 창업자 샘 뱅크먼 프리드가 25년 형을 선고받은 것과 비교하면 상대적으로 가벼운 편이어서 업계 전반에 다양한 해석이 나오고 있습니다.

법정으로 향하는 바이낸스 창업자 자오창펑(출처 : CNBC Television)

26

세계 최초 가상자산규제기본법(MiCA) 규제일까, 호재일까?

2024년부터 유럽 전역에서 시행될 미카 규정

미카(MiCA, Markets in Crypto Assets)란 유럽연합(EU)에서 제정한 세계 최초의 가상자산 관련 정의 및 규제에 관한 기본법입니다. 2020년부터 논의가 시작되었으며 여러 차례 보완을 거듭한 끝에 법안이 발의된 지 3년 만인 2023년 4월 20일 유럽 의회에서 최종 의결되었습니다. 미카 제정으로 유럽연합 27개 회원국의 가상자산사업자들은 일괄적으로 미카 규정을 적용받게 되는데 해당 법안은 2024년 6월 30일부터 순차적으로 시행될 예정입니다.

미국과 달리 코인을 증권법 규정이 아닌 자산법 적용

미카 법안이 중요하다고 평가받는 이유는 가상자산이 무엇인 지에 대해 정의하고 이를 자산준거토큰[*](asset-referenced token), 전자화폐토큰[**](e-money token), 자산준거 및 전자화폐 토큰 이외의 가상자산[***](=유틸리티토큰) 3개의 유형으로 분류했기 때문입니다. 앞서 미국의 경우 증권성 판단에 대한 명확한 기준이 법에 없다 보니 증권거래위원회(SEC)가 1940년대 사용하던 하위 테스트를 가지고 대부분의 코인은 증권이므로 증권법상 규제를 받아야 한 다고 주장하고 있다고 설명했습니다. 미카 법안은 스테이블코인 의 경우 전자화폐토큰이나 자산준거토큰으로, 그 외 대부분의 코 인은 유틸리티토큰으로 분류하고 이에 해당하는 경우 증권법 규 정을 받는 것이 아니라 가상자산 관련 법안의 적용을 받도록 했습 니다.

....

◆ **자산준거토큰** : 특정 국가의 하나 또는 복수의 공식 통화를 포함하여 여타 가치 및 권리 또는 이들을 조합한 가치 및 권리에 준거함으로써 그 가치의 안정을 도모하는 암호자산 유형으로 서 전자화폐토큰이 아닌 것을 말한다.(출처 : 한국은행 금융결제국 MiCA 번역본)

◆◆ **전자화폐토큰** : 토큰의 가치를 법화인 명목화폐의 가치와 동일하게 유지시켜주는 포트폴리오 를 관리함으로써 그 가치의 안정을 도모하는 암호자산 유형으로서 주목적이 지급수단인 것을 말한다.(출처 : 상동)

◆◆◆ **유틸리티토큰** : 오직 발행자에게만 수용될 수 있으며 외부의 상품 및 서비스에 대한 지급 또는 교환을 위해 사용되지 않고 분산원장에서 이용 가능한 상품 및 서비스에 대한 디지털 접근을 제공하기 위한 목적으로 사용되는 대체 가능 암호자산의 유형을 말한다.(출처 : 상동)

스캠코인 논란 일단락, 미국에서 소송 중인 코인은 희소식

이 외에도 미카에서는 코인을 공개판매(ICO)하거나 거래소에 상장하는 경우 법에서 규정하는 내용과 형식에 따라 백서를 작성하여 정부의 승인을 받고 이를 공시해야 한다는 내용을 포함시켰습니다. 기존에는 각 재단에서 임의로 자유롭게 백서를 작성하여 ICO 하거나 거래소 상장을 하다 보니 스캠코인 논란이 끊이지 않았는데 미카에서는 백서의 형식과 내용을 구체적으로 정하면서 스캠코인으로부터 투자자를 두텁게 보호할 수 있게 되었습니다.

미카 법안 통과 이후 미국 증권거래위원회와 오랜 소송을 하고 있는 리플랩스는 "미국이 기준 없는 법 집행에 초점을 맞추는 사이 EU는 합리적이고 진보적인 큰 진전을 이루었다."며 두 손을 들고 미카 제정을 환영하는 의견을 밝혔습니다.

우리나라의 경우에도 가상자산이용자보호법 1단계가 곧 시행 예정이며 22대 국회에서는 가상자산 발행, 가상자산 백서에 대한 규제 등의 내용을 담은 2단계 입법이 이루어질 예정인데 이 과정에서 미카 내용을 상당 부분 참고할 것으로 보입니다.

27

주의! 신종 코인 사기 수법 뭐가 있을까?
(ft. 러그풀, 매수 유도, 가짜 거래소)

러그풀 - 가짜 상장으로 투자금을 가지고 도망가는 행위
아이독 코인이 대표적 사례

SNS를 하다 보면 '급등할 코인', '거래소 상장 예정 코인', '수익률 500% 인증'과 같은 자극적인 말로 코인을 사기만 하면 돈을 벌 수 있다는 내용의 광고성 글을 보거나 메시지를 받게 되는데 당연히 전부 사기에 해당합니다. 백서를 만들고 상장할 것처럼 홍보하며 투자자를 끌어모은 후 코인 발행은 하지 않고 투자금을 가지고 도망가는 행위를 양탄자를 잡아당겨 위에 서 있는 사람을 넘어뜨리는 행위에 빗대어 '러그풀(Rug pull)'이라고 합니다. 그리고 이러한 사기 행위의 전조 증상을 '소프트 러그풀(soft rug pull)'이라고 합니다.

국내에서 있었던 대표적인 러그풀 사건으로는 아이독 코인이 있습니다. 아이독 코인은 불법적인 방법으로 피해자들의 연락처 및 인적사항에 관한 자료를 구매한 후 이를 이용하여 문자, 카카오톡, 전화 등의 방법으로 과거 투자 손실 금액을 보상해준다면서 피해자에게 접근했습니다. 다만 현금으로 직접 보상은 어렵다고 하면서 코인투자를 통해 발생한 수익으로 보상해준다는 식으로 코인구매를 유도했습니다. 이후 락업* 기간이 설정된 아이독 코인을 매수하게 했고, 락업 기간이 해제되면 거래소에서 얼마든지 매도가 가능하기 때문에 높은 수익을 얻을 수 있고 향후 대형 거래소 상장도 확정되어 있기 때문에 이때부터는 수십~수백배 수익이 확정적이니 추가로 더 매수하라는 식으로 피해자들을 기망했습니다. 이 과정에서 피해자들에게 대외비 문서라고 하며 대형 거래소와 체결했다는 가짜 업무협약서를 보여주기도 했습니다. 이렇게 피해자들은 숫자로만 보이고 팔지도 못하는 코인에 전 재산을 투자했고 결국 해당 코인은 하루아침에 휴지 조각이 되고 말았습니다.

◆ **락업(Lock up)** : 주식이나 코인 상장 후 한동안 매매를 금지하는 것. 90~180일 동안 적용되며 이 기간 동안 경영, 투자 관련자들은 매매를 할 수 없다.

코인 리딩방 매수 유도 사건
퓨리에버 코인이 대표적 사례

대형 거래소에 상장이 이루어진 코인까지 범죄에 악용되는 경우도 생기고 있습니다. 2020년 코인원에 상장되었던 퓨리에버 코인은 상장 후 수년간에 걸쳐 투자자를 모집했고 모집한 투자자를 코인 리딩방에 초대한 후 투자자들까지 시세 조작(Maket Making, 상장 직후 시세를 조종해 가격을 끌어올리는 행위)에 가담시키며 6,000명이 넘는 피해자에게 200억원가량의 피해를 입혔습니다. 퓨리에버 코인은 2023년 퓨리에버 코인으로 크게 돈을 잃었던 사람들 사이에 납치 사건이 발생하면서 세상에 알려지며 코인원에서 상장폐지 수순을 밟게 되었습니다.

가짜 거래소를 만들고 입금 유도

최근에는 가짜 거래소를 만들어 해당 거래소에 입금을 유도하고 특정 코인에 대해 투자를 유도하여 수익이 난 것처럼 외관을 만든 후 수익금 인출을 위해서는 수수료가 필요하다면서 입금을 요구하는 유형의 사기도 늘고 있습니다. 예를 들어 1,000만원의 투자 수익이 난 것처럼 가짜 거래소 화면에서 보여줍니다. 그러면서 투자 수익의 10%인 100만원을 먼저 수수료로 입금하라고 유도합니다. 100만원을 입금하면 서버 오류로 100만원 입금이 확인이 안 된다고 하거나 그사이 수수료 정책이 바뀌었다는 등 온갖 핑계를 대면서 추가로 100만원 입금을 요구하는 식입니다. 누가 이런 범죄에 당할까 생각이 들 겁니다. 하지만 투자 원금과 수익금을 빨리 회수할 생각에 순간적으로 잘못된 결정을 하는 사람들이 많이 있습니다.

국가가 코인 사기범의 전자지갑 비번을 풀고 76억원 압수!

최근 투자 리딩방 사기가 전국적으로 확산되어 대책 마련 요구가 커지고 있습니다. 2024년 1/4분기만 피해액이 3,000억원에 육박하며 하루 20건 가까이 피해 신고가 접수되고 있습니다. 특히 리딩방 사기는 유명인 사칭 유튜브 딥페이크 영상을 만들어서 홍보하기에 일반인들이 감쪽같이 속아 넘어가게 됩니다. 보이스피싱 같은 전화금융사기는 은행이 범죄에 이용된 계좌를 즉시 지급정지할 수 있지만 리딩방 사기는 아직 이에 못 미칩니다.

INS 팔로워 1,400만 명을 돌파하게 되어 기쁘고, 팬 여러분께 감사하는 마음으로 4월에 급등하고 있는 우량주 3개를 제 시그니 사진과 함께 공유해드릴게요🙏

하지만 불법 은닉 자산에 대한 정부의 대응은 발 빠르게 진행 중입니다. 한 프로그래머가 A 코인이 상장되고 이 코인을 사용하는 게임이 론칭된다고 속인 후 투자금 146억원을 빼돌린 사건이 있었습니다. 그는 전자지갑에 이더리움을 보관해왔는데 자신도 비밀번호를 모른다며 발뺌했지만 결국 검찰이 풀어내서 사기 피해자들에게 돈을 돌려줄 수 있게 되었습니다.

검찰에 따르면 이 사건은 "피고인의 개인 지갑을 복구해 그 안에 보관된 가상자산을 압류하는 첫 번째 사례"라며 "현행법상 가상자산 강제집행 규정이 완비되어 있지 않고 개인 간 P2P 거래 증가로 개인 전자지갑 사용이 늘어났음에도 관련 제도가 미비해 보완이 필요하다."라고 밝혔습니다. 코인은 점점 제도권에 편입되고 있으며 수사 대상에서 자유로울 수 없음을 증명하는 사례가 늘어나고 있습니다.

둘째
마당

코인투자가 쉬워지는
IT 기술 총정리

28

코인을 탄생시킨 블록체인 기술이란?
(ft. P2P 기술)

승인된 내역만 '블록'에 담아 '연결'시키는 블록체인

코인과 뗄 수 없는 기술이 바로 블록체인 기술입니다. 이 기술을 간단하게 설명하면, 중앙화된 컴퓨터 없이도 작동하는 분산 네트워크망에서 운용되는 장부 정도로 생각하면 됩니다. 용어 자체를 살펴보면 '블록(Block)'을 '연결(Chain)'한다는 뜻인데, 블록에는 거래 내역이 담기고 이 블록은 네트워크에 있는 모든 참여자에게 전송됩니다. 거래 타당성 여부를 승인받은 블록만이 연결되면서 송금이 이루어집니다.

은행은 중앙화된 슈퍼컴퓨터 1대가 처리

내용이 어려우니 좀 더 쉽게 예를 들어볼게요. 여기 A라는 은행이 있습니다. A은행에 100만원을 예치합니다. 그러면 어떤 일이 펼쳐질까요? A은행이 가지고 있는 중앙 컴퓨터의 전자 장부에 나라는 사람이 100만원을 이체했다는 전자 기록이 찍힙니다. 즉, A은행 내 계좌에 +100만원이 기록되는 것이죠. 그다음 내가 B라는 은행에 100만원을 송금하면 A은행의 중앙 컴퓨터가 B은행의 중앙 컴퓨터에 이 송금 정보를 전자화해서 보냅니다. 그렇게 해서 A은행은 -100만원, B은행은 +100만원이라는 정보가 찍히는 것이죠. 정보화 시대인 요즘 대부분의 거래는 현금이 아닌 신용카드나 계좌이체로만 이루어지고 있습니다. 우리는 실제 현금을 통해서가 아니라 디지털로만 거래를 하고 있죠. 사이버로만 돈이 오고 가는 것입니다.

블록체인은 분산 컴퓨팅 기술로 처리

비트코인의 창시자 사토시 나카모토는 이런 점에 주목했습니다. ATM에서 뽑는 현금 없이도 사이버로만 이루어지는 화폐의 거래와 교환, 그렇다면 중앙 컴퓨터를 가지고 있는 은행 없이도 이런 송금 시스템을 구축하기만 한다면 새로운 화폐 거래 네트워크를 만들 수 있겠다는 아이디어가 떠오른 거죠. 그래서 P2P◆ 기술이라는 것을 도입합니다.

은행은 중앙화된 슈퍼컴퓨터 1대가 모든 것을 다 처리합니다. 만약 우리가 쓰는 일반적인 컴퓨터(노드, Node)를 수백만 대, 수천만 대 모아놓으면 어떻게 될까요? 은행에서 사용하고 있는 천문

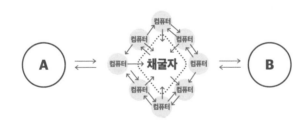

◆　**P2P(Peer to Peer)** : 중간 매개체 없이 사용자 간 직접 접속하는 기술을 말한다.

학적 금액의 슈퍼컴퓨터 못지않게 거대한 성능을 낼 것입니다. 이렇게 흩어져 있는 수백, 수천만 대의 컴퓨터를 하나로 모으는 것, 이것을 분산 컴퓨팅이라고 부릅니다. 쉽게 말해 P2P 기술이라는 것을 통해 분산 컴퓨팅을 구현했다고 이해하면 됩니다.

29

모든 코인은 각자의 탄생 목적이 있다?
(ft. 탈중앙화폐 & 스마트 컨트랙트)

축구에 전혀 관심이 없는 사람들도 메시나 호날두라는 선수는 아는 것처럼 코인에 전혀 관심이 없는 사람들도 이제는 비트코인이나 이더리움이 있다는 것 정도는 알게 되었습니다. 그러나 누구나 알 법한 코인이지만 실제 어떤 쓰임이 있는지에 대해서는 아는 사람이 별로 없는 것이 현실입니다.

비트코인의 목적은 탈중앙화폐
이더리움의 목적은 스마트 컨트랙트

1세대 코인인 비트코인은 2009년 국가를 비롯하여 누구의 통제도 받지 않는 탈중앙화폐를 목적으로 만들어졌으며 2세대 코인

이더리움은 2015년 스마트 컨트랙트* 및 어플리케이션 플랫폼 사업을 목적으로 만들어졌습니다.

비트코인의 경우 일부 가게나 기업에서 비트코인을 통한 결제 방식을 채택하고 있기는 하지만 실제 이를 사용하는 사람은 흔치 않습니다. 이더리움의 경우 스마트 컨트랙트 기능을 이용하여 일부 기업에서 신분 증명이나 계약서 작성을 하고 있다고는 하나 일반인들은 아직도 전통적인 방식인 국가를 통한 신분 증명 방식이나 변호사를 통한 공증 방식의 계약이 익숙합니다. 이더리움은 스마트 컨트랙트 외에 플랫폼을 기반으로 한 토큰 개발에도 쓰임새가 있습니다. 하지만 이 역시 전문가들 사이에서만 이슈가 될 뿐 일반인들의 삶에 미치는 영향은 미비합니다. 최근에는 탈중앙화 금융 서비스인 디파이나 스테이킹** 등 전통적인 금융 시스템을 접목한 코인 관련 상품이 출시되고 있기는 하나 아직 시장 규모가 큰 편은 아닙니다. 코인은 정말 실제 용도는 없고 청사진만 원대한 그런 존재인 것일까요?

....

◆　**스마트 컨트랙트(Smart Contract)** : 블록체인에서 일정 조건을 만족시키면 자동으로 거래가 체결되는 기술. 오프라인 방식에 비해 거래 절차를 줄이고 비용도 절감할 수 있다. 예를 들어 보험회사와 병원은 스마트 컨트랙트 기능을 통해 환자 의무 기록은 보호하면서 보험료는 자동으로 지급하고 동시에 보험 서류 위조 사기도 방지할 수 있다.

◆◆ 디파이와 스테이킹에 대한 내용은 136쪽 참고.

"미래는 이미 와 있다. 다만 널리 퍼지지 않았을 뿐…"

앞의 질문에 대한 답을 단정하기는 어려워 보입니다. 왜냐하면 코인은 기존 기술과는 패러다임을 달리하는 전혀 새로운 기술이기 때문에 현실에서 그 가치를 인정받고 사람들이 이를 받아들이기까지 오랜 시간이 걸릴 수밖에 없기 때문입니다.

예를 들어 지금은 자동차 회사 중 압도적으로 시가총액 1위를 차지하고 있는 테슬라조차도 내연 기관 시장에서 친환경 전기차 시장을 개척하여 패러다임을 바꾸겠다고 선언했을 때 사기꾼이라는 비판을 피할 수 없었습니다. 테슬라는 회사가 설립된 2003년부터 2017년까지 한 푼도 이익을 내지 못하여 15년 넘게 비판을 받아왔으나 불과 몇 년 사이 테슬라에 대한 시장의 평가는 "전기차가 자동차의 미래이고 테슬라가 미래를 이끌어 갈 것이다."라고 할 정도로 180도 달라졌습니다.

코인이 시장에서 본격적으로 거래되기 시작한 지 10년 정도밖에 되지 않았고 코인 거래소, 코인 상장, 코인 관련 상품, 채굴 등에 관한 법령이 이제 막 정비되고 있는 상황입니다. 이에 코인이 원대한 청사진에서 그칠 것인지 아니면 우리의 생활에 혁신을 가져올 새로운 기술로 도약할지는 조금 더 지켜보는 게 어떨까요?

30

코인 개인 지갑이란 무엇인가?
(ft. 핫월렛 & 콜드월렛)

개인 금고처럼 따로 보관하는 코인 지갑

업비트나 빗썸과 같은 암호화폐 거래소에서 현금으로 코인을 구매할 수 있습니다. 그렇다면 구매한 코인은 어디에 있는 것일까요?

내가 구매한 코인은 별도의 출금 절차를 거치지 않으면 거래소에서 계속 보관하고 있게 됩니다. 코인에 대한 보관 자체는 거래소에서 계속하고 소유권에 대한 표시만 판매자에서 구매자로 이동하는 것입니다.

그러나 거래소에서 구매한 코인은 구매자의 자산이기 때문에 원한다면 언제든지 거래소에서 구매자에게로 자산을 이동시킬 수 있어야 합니다. 이때 필요한 것이 바로 개인 지갑입니다. 개인 지갑을 가지고 있다면 거래소에서 출금 절차를 거쳐 개인 지갑 주소로 코인을 이동시키는 것이 가능해집니다. 현실에서 은행 ATM 을 통해 돈을 인출하여 가죽 지갑에 보관하듯이, 거래소에서 개인 지갑 주소로 코인을 출금한 후 개인 지갑에 보관할 수 있습니다.

보안을 생각한다면 핫월렛보다 콜드월렛 추천

코인에서 사용하는 지갑은 인터넷 연결 여부에 따라 핫월렛과 콜드월렛으로 나뉩니다. 인터넷 연결을 통해 실시간으로 거래가 이루어지는 것이 핫월렛, 평소에는 인터넷 연결 없이 거래 시에만 인터넷에 연결되는 것이 콜드월렛입니다. 콜드월렛의 경우 오프라인 지갑, 하드웨어 지갑이라고 부르기도 합니다. 일반적으로 핫월렛에 비해 콜드월렛의 보안성이 훨씬 높은 것으로 보며 금융감독기관에서도 핫월렛보다는 콜드월렛에 코인을 보관하는 것을 권장하고 있습니다. 코인 거래소 역시 해킹 가능성이 있는 핫월렛보다는 콜드월렛에 보관하는 것을 선호하고 있습니다.

핫월렛에는 이더리움 계열을 지원하는 메타마스크, 솔라나 계열을 지원하는 팬텀, 폴카닷 계열을 지원하는 폴카닷 등이 있습니다. 콜드월렛의 경우 지원하는 암호화폐 수가 많고 보안에 강점을 가진 디센트 지갑을 많이 사용하고 있으며 가격은 10만~20만

원대에서 형성되어 있습니다.

핫월렛 종류	콜드월렛 종류
메타마스크 - 이더리움 플랫폼 기반 팬텀 - 솔라나 플랫폼 기반 폴카닷 - 폴카닷 플랫폼 기반	디센트 - 다양한 플랫폼 지원 - 가격은 10만~20만원
온라인 지갑	오프라인 지갑

31

지분증명 vs 작업증명 무슨 뜻?

비트코인은 작업증명 vs 이더리움은 지분증명

앞에서 이더리움이 에너지 낭비와 환경오염 문제를 극복하기 위해 블록체인 같은 작업증명 방식에서 지분증명 방식으로 변화를 꾀했다고 했습니다. 이더리움이 사용하는 지분증명(PoS : Proof or Stake) 방식은 보유한 암호화폐 지분에 따라 비례하여 의사결정 권한을 주는 시스템입니다. 비트코인처럼 채굴자는 없고 검증인(밸리데이터)이 그 역할을 대신합니다. 주주총회에서 주식을 많이 가진 사람에게 비례해서 의사결정 권한을 가지는 것과 유사하며 자칫 대주주가 소액주주의 이익을 침해할 가능성이 높은 편입니다.

하지만 검증인이 제대로 역할을 해내지 못하면 지분을 빼앗길 수 있습니다. 이런 징벌제가 지분증명 시스템을 유지하는 셈입니다.

반면 비트코인이 사용하는 작업증명(PoW : Proof of Work) 방식은 블록을 생성해서 기록할 권한이 생기면 채굴자에게 비용(비트코인)을 지불하는 방식으로 움직이는 시스템입니다. 더 많은 전기와 고사양 컴퓨터를 소유할수록 수학 문제를 쉽게 풀 수 있고 비트코인도 더 많이 보상받을 수 있습니다. 하지만 전기를 너무 많이 쓴다는 비판을 받고 있습니다.

	지분증명 (PoS : Proof or Stake)	작업증명 (PoW : Proof of Work)
장점	에너지 소모가 적다. 환경 친화적	진위 여부, 소유권 구분 명확
단점	지분의 양극화 불평등 초래	에너지 소모가 많다. 환경에 악영향

이더리움이
대표 코인

비트코인이
대표 코인

32

코인도 예금처럼 맡기면 이자를 준다고?
(ft. 디파이와 스테이킹)

디파이는 은행 예적금과 비슷

은행에 돈을 맡기면 이자를 지급하는 것처럼 코인 시장에도 코인을 맡기면 이에 대한 이자를 주는 상품이 있는데 대표적인 것이 디파이 예치 서비스와 스테이킹입니다.

먼저 디파이(DeFi)는 탈중앙화된 금융(Decentralized Finance)의 줄임말로 관리자 없이도 블록체인의 스마트 컨트랙트에서만 동작하는 금융 서비스를 말합니다. 디파이 예치 서비스는 은행에 돈을 맡기고 이자 수익을 받는 것과 비슷한데 코인 소유자가 자신이 가지고 있는 코인을 디파이 플랫폼에 맡기면 디파이 플랫폼이 다른 투자자에게 이를 빌려주고 이자를 지급하는 것입니다.

스테이킹은 지분증명 네트워크에서만 보상 가능

스테이킹(staking)은 자신이 보유한 암호화폐의 일정한 양을 지분(stake)으로 고정시키는 것을 말합니다. 암호화폐를 블록체인 네트워크에 예치한 뒤, 해당 플랫폼의 운영 및 검증에 참여하고 이에 대한 보상으로 암호화폐를 받는 식입니다. 이더리움과 같이 지분증명을 채택한 플랫폼에서 가능한 투자입니다.

국내 코인 거래소에서는 스테이킹 서비스를 제공하고 있는데 예치한 코인 종류에 따라 다르게 보상을 지급합니다. 이더리움이나 솔라나와 같은 메이저 알트코인의 경우 연 1~5% 정도의 스테이킹 리워드를 제공하고 있습니다.

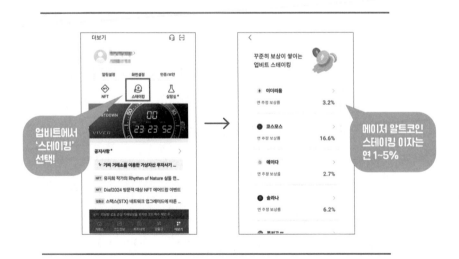

33

게임회사도 코인 마케팅을 한다고?
(ft. P2E 비즈니스)

유저 수 증가를 위한 게임회사 전략

기존에는 유저가 돈을 내고 게임을 해야 하는 모델이 대부분이었습니다. 하지만 새롭게 등장한 P2E는 Play to Earn의 약자로 블록체인을 기반으로 구동되는 게임에서 유저가 게임을 하면 보상으로 코인이나 NFT를 지급받는 것입니다. 즉, 보상을 받으면서 게임을 하는 모델을 뜻합니다. 그렇다면 게임회사는 왜 이런 전략을 쓸까요? 유저는 코인이나 NFT를 보상으로 받으면 게임에 적극적으로 참여할 유인을 얻게 되고 게임 회사는 참가한 유저 수가 늘어날수록 코인의 가치나 수수료를 통한 수익이 증가하여 유저와 게임회사 모두 윈윈할 수 있는 구조이기 때문입니다.

이더리움 기반 게임인 엑시 인피니티 주목
코인 보상은 물론 아이템을 NFT 제작 가능

P2E로 가장 유명한 게임은 베트남에서 2018년 개발한 엑시 인피니티(Axie Infinity)라는 이더리움 기반 수집형 게임입니다. 해당 게임에서는 유저가 게임에 참여하면 참여 정도에 따라 엑시 인피니티(AXS) 코인을 보상으로 주는데 해당 코인은 빗썸 등 주요 거래소에도 상장되어 있으며 시가총액이 1조가 넘는 알트코인으로 성장했습니다. 또한 엑시 인피니티에서 유저들은 엑시라는 디지털 애완 동물을 가질 수 있는데 이를 NFT로 만들 수 있고 2차 시장인 NFT 마켓에서 판매하는 것도 가능합니다.

국내에서는 사행성 조장으로 P2E 기반 게임 등급 분류 보류

국내에서는 2021년 11월 무한돌파삼국지 리버스가 처음으로 P2E 서비스를 시작했는데 유저들은 게임 수행을 하면 보상으로 하루에 100개의 무돌(MUDOL)토큰을 받을 수 있었습니다. 그러나 P2E가 사행성을 조장한다는 것을 이유로 2022년 12월 12일 게임물관리위원회가 게임물 등급 분류를 취소하면서 서비스가 중단되고 말았습니다. 현재도 게임물관리위원회는 P2E 기반 게임에 대해서는 게임 등급 분류를 거부하고 있어 당분간은 국내 버전으로 P2E 게임을 하기는 어려워 보입니다.

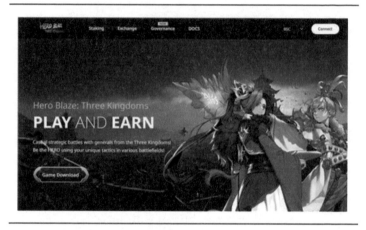

국내 최초 P2E 게임 서비스 제공 '무한돌파삼국지 리버스' 해외 버전(출처 : https://heroblaze3kd.io)

최근 리워드앱도 코인으로 보상 개시

최근에는 규제를 피해 M2E 서비스가 이루어지고 있습니다. Move to Earn의 약자로 걸으면 보상을 받는다는 것입니다. 2023년 말 출시된 만보기 리워드 '비트버니'의 경우 사용자가 앱을 통해 미션을 완수하면 비트코인이나 이더리움, 리플, 도지코인 등 주요 가상자산을 보상으로 주는데, 3개월 만에 10만 명의 가입자를 모으며 시장에 작은 파동을 일으키고 있습니다.

34

부동산과 미술품을 쪼개서 토큰화하는 기술은?
(ft. RWA 코인)

주식의 장점과 코인의 장점을 극대화하려면?

RWA란 Real World Asset의 줄임말입니다. 이 책을 통해 블록체인과 코인을 알게 되니 어떤 생각이 들었나요? 코인이라는 것이 여러 방면에서 우리가 거래하는 주식하고 비슷하다는 생각이 들지 않나요? 증권 시장에 상장된 주식은 주주총회에서 투표를 할 수 있는 의결권이 생기고, 배당도 받을 수 있으며, 과반수의 지분을 가질 경우 회사에 대한 소유권을 주장할 수도 있습니다. 많은 코인들이 주식과 비슷한 구조를 지니고 있죠. RWA란 주식과 비슷한 코인의 장점을 더욱 극대화하기 위해 탄생한 개념입니다.

쪼개기 어려운 실물 자산도 여러 사람이 나눠 가진다!

세상에는 회사의 지분을 가지는 주식이라는 자산 말고도 부동산, 채권, 미술품, 음악 저작권 등 다양한 형태의 자산들이 많이 있습니다. 코인이 등장하기 전까지만 해도 이런 자산을 소유하려면 부동산을 큰돈을 들여 구매하거나 미술품을 소유하여 집에 보관하는 것만 가능했지 이를 분할하기는 어려웠죠. 하지만 코인과 블록체인 기술을 접목한다면 부동산 하나를 수천 명의 사람들이 나눠 소유하거나 미술품 하나를 다수의 사람들이 나눠 소유하는 것이 가능해집니다. 더불어 이런 부동산을 처분하거나 미술품을 처분할 때 민주주의처럼 과반수의 투표를 받아 의사결정을 하는 방식으로 작동할 수가 있죠. 이렇듯 현실 세계에 있는 자산에 대한 지분권을 토큰화하여 코인과 매칭시켜 놓은 것을 RWA 코인이라고 부릅니다.

RWA 코인 특장점 1 - 중개 수수료 절약과 쉬운 현금화

실물 자산을 토큰화*하면 여러 장점이 생깁니다. 첫 번째로

◆   블록체인 메인넷으로 가기 전 테스트넷에서 코인처럼 사용하는 것을 토큰이라 한다. 자세한 내용은 152쪽 참고.

는 거래 수수료를 많이 아낄 수 있다는 것입니다. 여러분이 부동산을 투자 목적으로 소유하려면 공인중개사 비용이 발생하고 미술품을 소유하려면 경매업체에 지불해야 하는 수수료가 생깁니다. 그런데 RWA 코인을 구매할 경우 이런 중간 비용 없이 부동산과 미술품을 지분으로 나눠 소유할 수 있습니다. 다른 장점은 언제든 현금으로 환가할 수 있다는 것입니다. 부동산이나 미술품은 판매되는 데 시간이 오래 걸리지만 코인은 암호화폐 거래소에서 바로 판매할 수 있습니다. 돈이 필요할 때 즉시 현금화할 수 있는 것이죠.

RWA 코인 특장점 2 - 스마트 컨트랙트로 거래 투명성 보장

두 번째 장점은 블록체인의 투명성과 스마트 컨트랙트를 활용할 수 있다는 것입니다. 만약에 어떤 세입자가 A라는 부동산에 반전세로 살고 싶다고 합시다. 만약 이 부동산의 소유주가 특정 개인이 아니라 RWA로 이루어진 다수의 사람들이라고 한다면, 월세와 전세금을 스마트 컨트랙트에 의해 자동으로 지불할 수 있습니다. 여기서 세입자는 블록체인상의 장부 조회로 월세가 누구에게 배당 지급이 되는지 현재 내 전세금은 어떤 조건식에 의해 어디에 잘 보관되고 있는지 등을 파악할 수 있습니다. 즉 실물 자산을 이용하는 데 있어 더 투명해지는 장점이 생기는 것이죠.

RWA 코인 특장점 3 - 실물 가치 생성

마지막 장점으로는 실체가 없다는 비판을 받는 코인에 실체가
생긴다는 것입니다. 암호화폐에 제기되는 비판 중 하나는 코인이
도대체 어떤 실물 가치를 지니느냐는 것입니다. 그러나 코인과
실물 자산이 연동되는 RWA 코인이라면 이런 비판으로부터 자유
로워집니다. 대표적인 RWA 코인으로는 빗썸과 업비트에 상장된
체인링크, 피스 네트워크와 코인원에 상장된 온도 파이낸스 등이
있습니다. RWA 코인에 대한 기술적 설명은 328쪽에서 자세히 하
겠습니다.

암호화폐의
취약점을 보완하여
실체를 부여한
RWA 기술

대표적 RWA 코인인 체인링크   대표적 RWA 코인인 피스 네
업비트 거래창   트워크 업비트 거래창

35

주식 상장은 IPO, 코인 상장은 ICO?

주식도 코인도 상장에 대한 기대감은 동일

주식 IPO(Initial Public Offering)라는 것에 대해 많이 들어보셨을 겁니다. 비상장주식이 코스닥 등 거래소를 통해 증권 시장에 상장하면서 주관사를 선정하여 공모주 청약을 받고 청약 금액에 따라 주식을 나눠주는 것을 말합니다. 한동안 주식 IPO가 투자자들 사이에서 열풍이었는데 그 이유는 상장만 하면 '따상(신규 상장한 주식 종목이 첫 거래일에 공모가 대비 2배로 시초가가 형성되고 가격제한폭인 +30%까지 상승해 마감하는 것)', '따따상(따상한 다음날에도 가격제한폭인 +30%까지 상승해 마감하는 것)'한다는 기대감이 있었기 때문입니다. 코인 시장에서도 주식 IPO와 비슷한 목적을 가지고 이루어지는 것이 있는데 바로 ICO(Initial Coin Offering)입니다.

ICO 종류 - 프라이빗 세일과 퍼블릭 세일
참가자는 투자 금액에 따라 코인 수령

ICO는 코인을 발행하는 과정에서 대중이나 기관으로부터 자금을 투자받고 코인이 정식으로 발행되기 시작하면 투자 금액에 상응한 코인을 보상으로 주는 것을 의미합니다.

ICO는 그 성격에 따라서 프라이빗 세일이라고 하여 소수의 특정인이나 기관으로부터 비공개적으로 투자금을 조달하는 방식과 퍼블릭 세일이라고 하여 불특정 다수에게 공개적으로 ICO를 진행하는 방식으로 구분할 수 있습니다.

프라이빗 세일 방식의 대표적인 사례는 이오스로 40억 달러가량의 자금을 조달받았으며, 퍼블릭 세일의 대표적인 사례는 이더리움으로 1,800만 달러가량의 자금을 조달받았습니다. 초기에는

ICO 종류	
프라이빗 세일	퍼블릭 세일
대표 사례 : 이오스	대표 사례 : 이더리움

프라이빗 세일 방식을 통해 기관으로부터 우선적으로 자금을 조달받고 이후 퍼블릭 세일을 통해 대중에게 자금을 조달받는 경우도 있습니다.

다양해진 코인 자금 조달 방식 - IDO, IEO 등

최근에는 자금 조달 방식이 좀 더 다양화되고 있으며 코인 개발 회사가 투자자로부터 직접 투자를 받는 ICO 방식 외에도 특정 플랫폼을 통해 투자를 받는 IDO(Initial Dex Offering) 방식과 거래소를 통해 투자를 받는 IEO(Initial Exchange Offering) 방식도 많이 활용되고 있습니다. ICO, IDO, IEO에 관한 대부분의 투자 정보는 ICO LISTING 사이트에서 실시간으로 확인이 가능합니다.

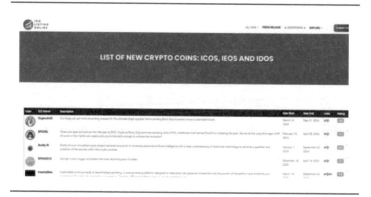

실시간으로 ICO, IDO, IEO 정보 확인이 가능한 ICO LISTING
(출처 : ICO LISTING 사이트 https://www.icolistingonline.com/icos)

주의! - 모든 코인이 상장에 성공하는 것은 아니다

ICO를 하는 이유 역시 주식과 마찬가지로 ICO가 성공적으로 이루어지고 거래소에 정식으로 상장되었을 때 '따상', '따따상'할 것이라는 기대감이 있기 때문입니다. 그러나 ICO에 투자하는 데 있어 주의해야 할 점은 ICO를 통해 코인이 발행되었다고 하더라도 해당 코인이 거래소에 반드시 상장되는 것은 아니라는 점입니다. 코인이 거래소에 상장되기 위해서는 개별 거래소마다 가지고 있는 내부 절차와 기준을 충족해야 하고 대형 거래소일수록 요구하는 기준이 더 엄격합니다. 이러한 문제로 소비자 보호를 위해 ICO가 불법인 국가도 많이 있습니다.

국내에서는 ICO 금지

국내에서도 2017년 금융위원회에서 ICO가 범죄에 악용될 우려가 있다는 것을 이유로 ICO를 금지하고 있습니다. 이에 국내에서는 개인이나 기업이 ICO를 통해 자금을 조달받지 못하고 있으며 대신 규제를 피해 싱가포르 등 해외에 페이퍼 컴퍼니를 설립하는 방식으로 형식적으로 해외에서 ICO를 진행하고 있습니다. 일부에서는 국내 투자자가 ICO에 참여하는 것만으로도 형사 처벌 대상에 해당할 수 있다고 주장하는 경우가 있는데 현행법상(형법 및 자본시장법, 유사수신행위법, 외국환거래법 등 특별법을 포함) 투자자가 ICO에 참여했다는 것만으로 처벌받는다는 내용의 규정은 존재하지 않습니다.

선거 이슈 - 현물 ETF 허용, 금투세, 코인세, ICO 허용

국내에서는 금융위원회가 2024년 1월 11일 '국내 증권사가 해외 상장된 비트코인 현물 ETF를 중개하는 것은 가상자산에 대한 기존의 정부 입장 및 자본시장법에 위배될 소지가 있다.'는 유권해석을 내리면서 비트코인 현물 ETF의 국내 거래가 막혀 있는 상황입니다. 그러나 자본시장법 해석과 관련하여 비트코인과 비트코인 ETF는 별개의 상품이고 가상자산이 자본시장법상 기초자산에 포함되지 않더라도 비트코인 현물 ETF의 거래는 가능하다는 해석도 나오고 있습니다. 이에 더불어민주당은 금융당국과 우선 상의하고, 당국의 입장이 바뀌지 않을 경우 자본시장법 개정을 통해서라도 비트코인 현물 ETF 발행·상장·거래를 허용하겠다는 입장입니다.

정부와 여당은 2025년 시행 예정이었던 금융투자소득세(금투세) 폐지를 추진하겠다고 발표했으나 야당이 정권을 잡게 되면서 금투세 폐지는 동력을 잃게 되었습니다. 금투세 폐지를 위해서는 법 개정이 필요한데 야당의 협력 없이는 금투세 폐지 법안 통과가 불가능하기 때문입니다. 금투세는 국내 주식, 해외 주식, 펀드, 파생상품, 코인 등 모든 금융 투자에서 발생한 소득에 대해 부과하는 세금으로 국내 주식에서 발생한 소득에 대해서는 5,000만원, 기타에 대해서는 250만원을 공제하고 이 이상 소득을 올린 투자자에게는 20% 세율을 부과하는 것을 내용으로 하고 있습니다. 코인 거래를 통해 얻은 소득은 기타 소득으로 250만원을 공제하고 이를 넘는 소득을 올린 경우 20% 세율 부과가 예정되어 있습니다.

야당에서는 예정대로 2025년부터 금투세 시행은 하고 다만 코인 과세에 대한 부작용을 최소화하고 주식으로 얻는 소득과 형평성을 고려하여 5,000만원 넘는 금액에 대해서만 20% 세율을 부과하겠다는 입장입니다. 이 경우 코인 투자자는 코인 거래를 통해 5,000만원이 넘는 소득을 올리는 경우 5,000만원을 넘는 수익에 한정하여 20%의 세금(지방세 포함시 22%)을 내야 합니다.

이 외에도 여야 모두 ICO를 허용하는 방안에 대해서도 긍정적으로 검토하겠다는 입장을 밝혔습니다.

한국, 앞으로 ICO 허용 확률 높아진다?

2024년 4월 10일 총선 결과 야권이 190석가량의 의석수를 차지하며 여소야대 형태의 입법부가 출범했습니다. 이 총선에서 주목할 만한 부분은 출마자들의 재산 신고서 확인 결과 63명이 비트코인, 이더리움, 도지코인 등의 코인을 보유하고 있었다는 점입니다. 출마자 중 29명은 비트코인을, 15명은 이더리움을, 6명은 도지 코인을, 1명은 월드코인을 보유하고 있었으며 1인당 평균 보유 금액은 1,700만원 에 달했습니다.

과거에는 총선에서 코인 이슈가 크게 주목을 끌지 못했으나 지금은 출마자 중 상당 수가 코인을 보유하는 세상이 되었습니다. 금융정보분석원(FIU) 발표 통계에 따르 면 2023년 6월 기준 국내 코인 거래소 이용자 수는 600만 명에 육박하며 유권자 중 상당수가 코인을 보유하고 있기도 합니다. 그러다 보니 총선을 앞두고 야당인 더불어민주당의 경우 코인 관련 정책을 별도로 정리하여 발표하기도 했습니다.

36

코인 네트워크 2가지 - 메인넷은 집주인, 테스트넷은 세입자?

메인넷은 독자적 블록체인 서비스를 구동시키는 네트워크
테스트넷은 메인넷으로 가기 위한 네트워크

메인넷이란 독자적인 블록체인 서비스를 구동시키는 네트워크를 의미합니다. 대다수 블록체인 서비스는 테스트넷에서 출발한 뒤 메인넷으로 발전하며 테스트넷에서 코인처럼 사용하는 것을 토큰이라 합니다. 즉, 메인넷은 토큰이 코인으로 변화하는 것을 의미합니다. 이 책의 앞 장에서 자체적인 기술력이 있는 암호화폐를 코인이라고 부르고, 다른 암호화폐 플랫폼 위에 기생해서 만들어진 암호화폐를 토큰이라 부른다고 했습니다. 다른 암호화폐 플랫폼 위에 기생하다가 별도의 독자적인 블록체인 네트워크망을 만들어 독립하는 것을 메인넷으로 전환한다고 표현합니다.

테스트넷 → 메인넷 전환 시 코인 유실 주의!
테스트넷에서는 토큰 사용, 메인넷에서는 코인 사용

이렇게 메인넷으로 전환하는 암호화폐에 투자할 때는 반드시 지갑 주소에 유의해야 합니다.

예를 들어 이더리움 생태계 위에 만들어진 A라는 토큰이 있다고 가정해봅시다. 이 토큰은 이더리움 생태계를 사용하고 있기 때문에 이더리움과 동일한 지갑 주소를 가지고 있고, 따라서 투자자들은 이더리움 지갑에 이 토큰을 보내기만 해도 전송을 잘 받을

메인넷 전환으로 입출금 중지 안내 공지(출처 : 빗썸 홈페이지)

수 있습니다. 하지만 A라는 토큰이 코인으로 전환한 순간, 더 이상 이더리움 네트워크를 사용하지 않기 때문에 지갑 주소가 완전히 달라집니다. 따라서 원래 쓰던 지갑 주소로 전송하면 암호화폐가 유실되고 마는 것이죠. 때문에 투자자들은 암호화폐 거래소에 올라오는 메인넷 전환 공지를 유심히 살필 필요가 있습니다.

테스트넷에서 메인넷으로 승격되는 건 호재?

보통 메인넷으로 전환된다는 것은 해당 프로젝트가 다른 블록체인망에 기생하지 않고도 자체적인 블록체인 네트워크를 만들 수 있는 기술 수준이 되었다는 것을 의미합니다. 어느 정도 기술력이 검증되었다는 이야기죠. 따라서 메인넷 전환을 보통 '호재'라고 표현합니다. 다만, 투자에 있어 유의할 것은 기술력이 아무리 뛰어난 코인이더라도 시장에서 외면받는 경우가 많다는 것입니다.

코인 가격은 기술로만 이루어지는 것이 아니라, VC(Venture Capital)가 누구인지, 마케팅을 얼마나 잘하는지, 어떤 암호화폐 거래소에 상장되어 있는지 등 다양한 요소들이 종합되어 결정되는 것이기 때문이죠.

대표적인 메인넷 코인들
이더리움, 클레이튼, 바이낸스 코인, 아발란체, 폴리곤, 크로노스,
솔라나, 퀀텀, 쎄타퓨엘, 온톨로지

메인넷이 되면 좋은 점 - 기술력 인정, 코인 가격 상승

메인넷이 이루어지면 구체적으로 어떤 것이 좋을까요. 첫 번째
로는 기존에 기생하던 플랫폼에서는 구현할 수 없었던 기능을 개
발자들이 마음대로 구현할 수 있다는 점입니다. 거기에 자신이
기생하던 코인이 아닌 새로운 플랫폼 코인이 된다면 자기 아래로
자식 토큰들이 생기는 것이라 이를 통한 가격 상승을 노려볼 수
있습니다.

두 번째로는 위험성이 줄어든다는 것입니다. 메인넷을 갖춘 암
호화폐(코인)는 자가로 부동산을 소유하고 있는 셈이고, 메인넷이
없는 암호화폐(토큰)는 월세나 전세로 살고 있는 세입자라고 생각
하면 됩니다. 현실에서 전세 사기가 있는 것처럼 만약 세 들어 살
고 있는 블록체인에 이상이 생기면 그 안에 살고 있는 세입자들
(토큰)도 같이 피해를 볼 수밖에 없죠. 그러나 자체적인 블록체인
망을 가지면 자가로 부동산을 가지는 것이니 이런 위험성에서 벗
어날 수 있게 됩니다.

내가 투자할 코인이 메인넷인지 확인하려면?

최근 들어 메인넷으로 전환된 메이저 코인은 업비트와 빗썸에 상장되어 있는 시바이누가 있습니다. 이 코인은 원래는 이더리움의 ERC-20 토큰으로 만들어졌다가 2023년 8월, 메인넷으로 전환하면서 독자적인 블록체인을 가지게 되었습니다. 반대로 시바이누와 비교되는 도지코인의 경우 맨 처음부터 메인넷을 가지고 시작한 코인입니다. 같은 밈코인인데도 이렇게 역사가 다르죠. 코인투자를 할 때 자체적인 메인넷을 가지고 있는지를 살펴보는 것은 기본 중의 기본입니다.

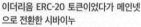

이더리움 ERC-20 토큰이었다가 메인넷으로 전환한 시바이누

처음부터 메인넷을 가지고 시작한 도지코인

메인넷 여부를 확인해볼 수 있는 가장 간단한 방법은 '쟁글(Xangle)'에서 코인을 검색해서 세부 설명을 확인해보는 것입니다. 다만 메인넷 여부는 언제든 바뀔 수 있으므로 해당 코인의 웹사이트에 들어가보거나 백서를 확인해보는 것이 가장 정확한 방법입니다.

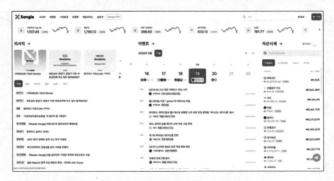

코인투자 시 메인넷 여부는 쟁글(https://xangle.io)에서 확인하면 된다.

37

블록체인 네트워크의 느린 속도를 해결한 기술은?
(ft. 오프체인의 대표주자 레이어2)

온체인은 블록체인 네트워크를 의미하는 말
현재 데이터 정체로 속도 저하

코인 관련된 뉴스나 기사에서 레이어2(Layer2)라는 용어를 많이 들어보았을 거예요. 이 용어를 이해하기 위해서는 먼저 온체인과 오프체인이라는 개념부터 알아야 합니다. 먼저 온체인이란 앞에서 설명한 블록체인 네트워크를 의미합니다. 즉, 우리들이 이해한 블록체인 그 자체를 의미하죠. 그런데 코인 시장이 활성화되면서 이런 블록체인에는 문제가 발생하기 시작했습니다. 작업 증명 기술인 블록체인에서 거래가 늘어날수록 처리해야 할 데이터가 많아져 속도가 느려지게 된 것이죠. 비유하자면 고속도로가 있는데 자동차들이 몰려서 정체가 일어나는 상황이라고 생각하면 됩니다.

온체인을 보완하기 위해 등장한 오프체인

예를 들어볼까요? 이더리움 역시 과거에는 10분이면 전송되던 것이 20분, 30분, 1시간까지 그 전송 속도가 느려지게 됩니다. 전송이 느려지면 그사이에 코인 가격이 변해 투자자들이 손해를 입을 수도 있게 되고 이더리움으로 결제하는 식당이나 미용실과 같은 가게들은 바로 송금을 받을 수 없게 됩니다. 꼼짝 없이 이더리움을 보냈는지 확인하기 위해 손님이 대기해야 하는 상황이 생기죠. 이런 전송 속도 문제를 해결하기 위해 고안된 것이 오프체인이라는 개념입니다.

오프체인은 비유를 하면 이해하기가 쉽습니다. 어떤 변호사가 있다고 합시다. 평소에는 1의 사건만이 그에게 배당이 됩니다. 자신의 역량으로 처리하기도 쉽고 할 만하죠. 그런데 갑자기 사건이 몰려들기 시작합니다. 재판도 나가야 하고 서면도 써야 하는데 도저히 감당이 되지를 않습니다. 형사 사건, 가사(이혼) 사건, 민사 사건, 행정소송 사건, 헌법소원 사건 등 그 분야도 가리지 않습니다. 이에 고속도로가 꽉 찬 것처럼 업무 처리는 느려지고 변호사는 지쳐만 갑니다. 그런데 이 변호사가 좋은 아이디어를 하나 생각해냅니다. 바로 별도의 변호사를 고용해서 자기 밑에 두는 것이죠. 그래서 A 변호사에게는 형사 사건을 맡기고, B 변호사에게는 가사 사건을 맡기고, C 변호사에게는 민사 사건을 맡깁니다. 자기는 나머지 사건만을 맡아 진행합니다. 이렇게 전문화된 영역을 하나씩 배분하여 일을 맡기게 되면 자기가 할 일(온체인)의 부담이 훨씬 줄어들게 됩니다. 이런 형태의 블록체인 작동을 오프체인이라고 부릅니다. 이런 오프체인 방식에서 대표적인 것이 레이어2입니다.

이더리움을 보조해주는 레이어2 방식들
스테이트 채널, 사이드 채널, 플라즈마, 롤업, 발리디움

앞의 비유에서 변호사마다 전문화된 영역을 맡는다고 했지요. 마찬가지로 레이어2에는 여러 방식이 있습니다. 스테이트 채널, 사이드 채널, 플라즈마, 롤업, 발리디움 등이 그것이죠. 자세한 기술적인 원리까지는 이해하지 못하더라도 이런 용어가 나오면 레이어2의 하위 전문 분야라는 것 정도는 이해해야 합니다. 그래야만 코인투자를 하는 데 있어 어려움을 느끼지 않을 수 있습니다. 스테이트 채널, 사이드 채널, 플라즈마, 롤업, 발리디움 방식에 대응되는 코인은 다음과 같습니다.

참고로 셀러 네트워크는 빗썸에 상장되어 있고, 폴리곤은 빗썸과 업비트에 상장되어 있습니다. OMG Network는 바이낸스에 상장되어 있고, 아비트럼도 빗썸과 업비트에 상장되어 있습니다. 루프링은 빗썸에 상장되어 있습니다.

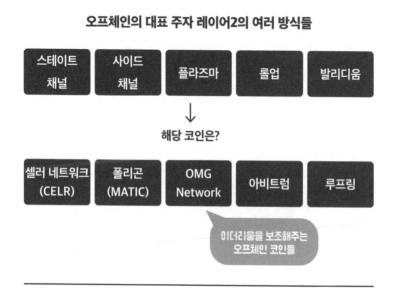

내가 투자하는 코인은 오프체인인가 온체인인가?

빗썸이나 업비트에서 코인을 살 때 아무런 정보도 없이 차트와 가격만 보고 코인을 매수하기보다는 아비트럼, 루프링, 폴리곤, 셀러 네트워크 등은 이더리움을 보조해주는 레이어2 코인이라는 점을 염두에 두고 매수해야 합니다. 이더리움을 사는 것은 모든 것을 처리하는 온체인 코인을 사는 것이고, 위에서 설명한 레이어 2 방식의 코인을 사는 것은 이더리움을 보조해주는 오프체인 코인을 구매하는 것입니다.

38

앗! 오프체인 코인이
범죄에 사용될 수도 있다고?

온체인은 모든 거래 내역이 공개되지만
오프체인 일부는 프라이버시 보장 가능

앞에서 블록체인은 투명성, 탈중앙화, 해킹을 당하지 않는 보안성이 특징이라고 했죠? 그런데 온체인이 아닌 별도의 오프체인을 사용해도 이런 가치가 지켜질 수 있는지에 대해 의문이 들 수 있습니다.

먼저 투명성과 같은 경우 아쉽게도 오프체인을 사용하면 지켜지지 않을 수 있다는 단점이 있습니다. 물론 이것도 레이어2의 기술마다 달라서 어떤 기술은 똑같이 투명하게 모든 거래를 공개하기도 하고, 어떤 기술은 모든 거래를 공개하지 않기도 합니다. 반대로 이것이 좋은 점이 될 수 있는 것이 특정 사람들은 자신들의 거래가 공개되기를 원치 않기도 합니다. 예를 들어, 마약상이나 어둠의 경로에서 돈을 거래하려는 사람들이죠. 이런 사람들은 일반적인 국제 결제망을 사용하기 힘들고 코인을 통해서 송금해야 하는데 모든 거래 내역이 공개되면 난감할 것입니다. 이때, 특정 레이어2의 기술을 이용하면 어느 정도는 프라이버시가 보장될 수 있습니다. 온체인은 모든 내역이 공개되는 반면 오프체인은 그러지 않기 때문이죠.

그래도 오프체인은 탈중앙화 가치 지향

다음으로 탈중앙화의 가치가 지켜지는지에 대한 문제입니다. 결론부터 말하면 지켜집니다. 실제 이더리움 오프체인인 레이어2는 이 문제를 해결하기 위해 데이터 처리만 오프체인에서 하고 실제 결괏값을 기록하는 것은 온체인(이더리움)에서 하도록 고안되었습니다.

예를 들면, 어떤 변호사가 자기가 고용한 변호사들에게 각각 형사 사건, 민사 사건, 가사 사건을 배분했는데 이 변호사는 블록체인 정신을 지향하는 사람이라고 해봅시다. 고용한 변호사들이 올린 사건(오프체인에서 처리한 데이터)에 대해서 모두 검수를 하고 자기 이름으로만 해당 사건을 내보냅니다. 즉, 사건의 서면을 하나

164

씩 쓰는 것은 너무 부담스러워서 그 처리(=데이터 처리)는 고용한 변호사들에게 맡기고(=오프체인에 맡기고), 자기는 최종 검수와 자기 이름으로 내보내는 것만 하는 것이죠(=온체인이 검수하고 결괏값도 온체인에만 기록).

이렇게 하면 오프체인은 단순하게 보조해주는 역할만 하게 됩니다. 이런 측면에서 보안성도 결국 검수와 결괏값은 온체인에만 기록되기 때문에 블록체인이 가지는 장점을 그대로 가져올 수 있습니다.

39

코인투자 리스크를 줄이는
퀀트 트레이딩?
(ft. 빗썸 API, 바이낸스 API)

수익률을 높여주는 퀀트 트레이딩

퀀트 트레이딩이란 수학 알고리즘과 여러 통계 기법을 활용하여 돈을 벌 수 있는 확률을 최대한으로 높여주는 프로그래밍을 활용한 트레이딩을 의미합니다. 이렇게만 들어서는 잘 안 와닿을 수 있는데 수학적으로 돈을 버는 예시를 하나 들어보겠습니다. 여러분들이 카지노에 방문해서 동전 던지기 게임을 한다고 가정해봅시다. 동전을 던져서 앞면이 나오면 2배의 수익을 얻고, 뒷면이 나오면 베팅한 모든 돈을 잃습니다. 즉, 홀과 짝을 맞추는 게임이지요. 산술적으로 이 게임의 승리 확률이 50%이고, 패배 확률도 50%입니다.

그렇다면 어떻게 해야 안전하게 돈을 벌 수 있을까요? 여러분이 지금 100만원을 가지고 있다는 가정하에 무조건 앞면에만 베팅을 하면 됩니다. 대신 맨 처음에는 1,000원, 지면 2,000원, 또 지면 4,000원, 또 지면 8,000원… 이런 식으로 2배씩 베팅 금액을 올려가면 되죠. 이 수학을 도표로 정리해볼까요?

베팅	이겼을 경우 누적 이득금	졌을 경우 누적 손해금	누적 이길 확률
앞면	1,000원	1,000원	50%
앞면	1,000원	3,000원 (+2,000원)	75%
앞면	1,000원	7,000원 (+4,000원)	87.5%
앞면	1,000원	15,000원 (+8,000원)	93.75%
앞면	1,000원	31,000원 (+16,000원)	96.875%
앞면	1,000원	63,000원 (+32,000원)	98.4375%
앞면	1,000원	127,000원 (+64,000원)	99.21875%
앞면	1,000원	255,000원 (+128,000원)	99.603975%
앞면	1,000원	511,000원 (+256,000원)	99.8046875%

위 도표를 보고도 이해가 안 가신 분들을 위해 간단하게 해석을 해보겠습니다. 일단 여러분이 카지노에서 앞면에 1,000원을 걸었을 경우 잃을 확률은 50%, 얻을 확률도 50%입니다. 이기

면 2배를 얻으니 1,000원을 얻죠. 지면 1,000원을 잃고 이게 누적 손해금에 더해집니다. 그러면 두 번째 판을 해봅시다. 이번에는 2,000원을 겁니다. 이기면 2,000원을 버는데 아까 1,000원을 잃었죠? 그래서 수익금은 1,000원이 됩니다. 지면 1,000원 + 2,000원 해서 총 3,000원을 잃습니다. 다시 세 번째 판을 해봅시다. 4,000원을 겁니다. 이기면 4,000원을 버는데 방금 3,000원을 잃었죠? 수익금은 1,000원이 됩니다. 지면 1,000원 + 2,000원 + 4,000원 해서 총 7,000원을 잃습니다. 이런 식으로 계속해서 2배씩 레이즈를 하게 되면 어떻게 될까요? 딱 한 번만 이기면 잃은 모든 돈을 다 복구하고 1,000원을 벌게 됩니다.

만약에 100만원이 아니라 1,000만원, 1억원, 10억원, 100억원으로 이 게임을 하면 어떻게 될까요? 여러분이 100억원이라는 돈을 잃을 확률은 0에 수렴합니다. 단 한 번만 이겨도 잃은 모든 돈을 복구하고 1,000원을 벌 수 있으니 이길 때마다 처음부터 다시 시작하는 구조로 이 게임을 계속하면 여러분은 차곡차곡 1,000원씩 계속 쌓아갈 수 있을 겁니다. 카지노도 이 원리를 알고 있기 때문에 최대 베팅 금액을 제한하는 식으로 대응을 하고 있습니다.

그러나 여러분이 참여하는 시장은 이렇게 최대 베팅 금액이 제한되어 있는 불합리한 카지노가 아닙니다. 어떠한 제한도 존재하지 않는 코인 시장입니다. 그렇기에 수학과 프로그래밍을 잘하는 투자자들은 위의 원리를 컴퓨터 프로그래밍 코드로 구현하여 자동으로 매매가 되도록 하고 있습니다. 이것을 퀀트 트레이딩이라고 부릅니다.

사실 앞의 예시는 수학적 퀀트 트레이딩에서 일반인들도 이해하기 쉬운 가장 기본적 원리를 설명한 것입니다. 실제 퀀트의 세계로 들어가면 더욱 돈을 벌 수 있는 확률을 안전하게 높이는 방법이 많이 있지요.

퀀트 트레이딩을 구현하는 API, 대부분 거래소 제공

만약에 퀀트 트레이딩을 하고 싶다면, 반드시 알아야 할 개념이 있습니다. 바로 API라는 것입니다. API라는 것은 사람이 직접 매매를 하는 것이 아니라 컴퓨터가 자동으로 매매를 하도록 암호화폐 거래소에서 제공하는 프로그래밍 코드와 같은 것인데 빗썸이나 업비트, 바이낸스 등 대부분의 암호화폐 거래소에서 제공을 하고 있습니다. 구글 검색 창에 '빗썸 API'와 같이 검색을 하면 나오죠.

퀀트 트레이딩은 처음에 접근할 때 진입 장벽이 있을 수 있습니다. 그러나 나만의 자동 매매 알고리즘을 설계하면 안전하게 수익을 낼 수 있는 마법 같은 도구입니다. 요즘은 유튜브와 인터넷 사이트에 퀀트 트레이딩에 대해서 잘 설명해주는 경우가 많으니 검색을 통해 배워보는 것도 방법입니다.

빗썸 API 검색 결과 화면

40

최대 10% 수익을 내는 코인 보따리상이 있다?
(ft. 아비트리지)

같은 코인도 거래소마다 가격이 다르다?

아비트리지(arbitrage)는 시장가가 지역마다 다를 때 매매 차익을 얻는 거래를 뜻합니다. 다른 말로 '재정거래'라고도 하며, '무위험 차익거래'를 의미합니다. 주식 시장과 달리 코인 시장은 코인을 거래할 수 있는 암호화폐 거래소가 여러 곳이 있습니다. 예를 들어, 한국 주식을 거래할 수 있는 거래소는 한국 거래소(KRX)에서 운영하는 코스피 시장과 코스닥 시장밖에 존재하지 않지만 코인 거래소와 같은 경우 업비트, 코인원, 빗썸, 코빗, 바이낸스, 바이빗, OKX 등 수많은 한국 거래소와 해외 거래소가 존재하고 있습니다.

이렇게 거래소가 많으면 어떤 일이 생길까요? 네모라는 코인이 있다고 가정해봅시다. 이 네모 코인이 A라는 거래소에서는 1달러에 거래가 되는데, B라는 거래소에서는 1.02달러에 거래가 됩니다. 그러면 A라는 거래소에서 사서 B라는 거래소에 팔면 2%의 이득이 나게 됩니다. 이런 현상이 어떻게 일어나느냐고요? 각 거래소마다 거래소 이용자들의 매수세가 다르기 때문에 생각보다 흔히 일어나는 일입니다. 실제로 빗썸 거래소의 비트코인 가격과 업비트 거래소의 비트코인 가격 차이만 봐도 가격이 동일하지 않고 약간씩 다른 것을 볼 수 있습니다. 싼 곳에서 사서 비싼 곳에 팔면 이득이 생기는 거죠.

무위험 차익거래를 의미하는 아비트리지
트래블룰 등록 거래소인지 확인 필수!

사실 아비트리지는 한국 거래소끼리 하는 것보다는 한국 거래소와 해외 거래소 간에 하는 것이 가장 좋습니다. 한국 거래소는 이용자들이 많고 직관적으로 원화의 가격이 다른 것이 보이기 때문에 많은 사람들이 가격 차이가 나면 코인을 전송해 시세를 맞추는 편입니다. 그러나 해외 거래소와 같은 경우 테더(USDT)와 비트코인 사토시라는 단위로 코인 가격이 표시되기 때문에 직관적으로 가격을 확인하기가 어렵고 이에 따라 아비트리지를 할 기회가 더 많습니다. 아비트리지 하기 좋은 해외 암호화폐 거래소는 HTX, OKX, 바이낸스, 바이빗 등입니다. 이런 해외 암호화폐 거래소를 이용할 때 주의할 점은 '트래블룰♦'에 등록된 안전한 해외 거래소인지 확인하는 것입니다. 트래블룰에 등록되지 않은 거래소라면 입금과 출금이 모두 되지 않아 코인이 묶여버리는 상황이 발생할 수 있습니다. 트래블룰에 등록된 거래소는 시간마다 언제든지 바뀔 수 있으니 항상 정보를 업데이트하여 내가 이용할 해외 거래소를 선정하는 태도가 필요합니다.

전송 과정에서 시간차 리스크 존재

사실 아비트리지는 평소에는 그 퍼센트 차이가 미미하지만, 특정 이벤트 때는 많게는 10% 적게는 3%씩 차이가 나는 경우가 있습니다. 바로 업비트나 빗썸 거래소에 새로운 코인이 상장되는 경우죠. 이런 원화 코인 상장 때 해외 거래소에서 코인을 사서 입금을 하는 것을 '코인 보따리'라고 하는데, 과거 우리 조상들이 외국에서 보따리상을 하여 한국에 가져왔던 것을 비유하는 표현입

◆　**트래블룰** : 자금 거래 투명성을 위한 세계 금융 거래 구축 시스템. 은행들이 해외 송금 시에 국제은행간통신협회(SWIFT)가 요구하는 형식에 따라 송금자의 정보 등을 기록하는 것을 뜻한다. 2019년부터 가상자산을 추가하기 시작했다. 자세한 내용은 81쪽 참고.

니다. 이렇게 원화 코인 상장과 같은 이벤트가 있으면 그날의 아비트리지 차이는 평균적으로 3~10% 정도를 왔다 갔다 합니다. 물론 이 차이의 이득을 보겠다고 급하게 보따리를 시도하다가 전송되는 도중에 내가 산 가격보다 가격이 더 폭락할 리스크도 존재합니다. 이런 리스크가 있다는 것을 감안하고라도 거래소 간 스프레드 가격 차이가 날 때 재빠르게 전송이 된다면 이득을 볼 수 있는 방법이기도 합니다. 코인투자를 한다면 원화 상장을 이용한 아비트리지 보따리와 거래소 간 재정 거래 방법 정도는 반드시 알고 있어야 합니다.

만약 이것을 알지 못한다면 원화 상장 때 원화로 코인을 매수했다가 큰 피해를 볼 수 있습니다. 보따리상들이 해외 거래소에서 코인을 사서 한국 거래소로 넘기고 있고, 이는 곧 매도세가 강하게 들어와 폭락한다는 신호가 될 수 있는데 그 신호를 살펴보지 못하고 매수하는 모양새가 되니까요. 일반적인 주식이나 부동산과는 다르게 코인은 세계적으로 거래가 되고 실시간으로 이동이 빠르게 됩니다. 이런 특징을 알아두는 것이 코인투자에 임하는 기본 자세라 할 수 있겠습니다.

41

에어드랍 이벤트 때
무위험으로 돈 버는 1배 공매도란?

에어드랍 이벤트란?
- 메이저 코인 담보로 신생 코인 증정

한국 거래소에서 트래블룰로 인정되고 있는 해외 거래소 중 바이낸스 거래소는 선물 거래를 지원하고 있습니다. 선물 거래는 엄청나게 위험한 투자인데, 이 선물 거래도 활용하기에 따라 안전한 투자가 가능하기도 합니다. 그 비결은 1배 공매도를 활용하는 것이죠. 원리는 다음과 같습니다.

거래소마다 어떤 코인을 예치하면 일정 기간 다른 코인을 에어드랍 해주는 이벤트를 합니다. 예를 들어 OKX라는 거래소는 '점프스타트(Jumpstart)'라고 해서 비트코인을 일정 기간 OKX에 예치하면 여러 코인을 주는 이벤트를 주기적으로 개최합니다. 1주일이나 2주일간 비트코인을 예치하면 그 비트코인 참여자의 지분에 따라 코인을 무료로 지급해주는 것이죠. 2024년 4월 기준, 최근의 수익률이 2,689%, 1,126%, 882%를 각각 기록했을 정도로 수익률이 큽니다. 물론 참여 한도가 있어서 무한대로 참여할 수는 없고 한 사람당 그 한도가 정해져 있습니다.

에어드랍 이벤트에 무위험으로 참여하고 헷징하려면?

이런 이벤트에 무위험으로 참여할 수 있는 방법이 있습니다. 바로 1배 공매도를 이용하는 것인데, 헷징의 수단으로 활용하는 것이지요. 헷징이란 내가 어떤 코인을 구매했을 때, 그 코인이 오른다면 수익을 얻지만 내릴 경우 손실을 보는 것을 방어해주는 전략입니다. 예를 들어 비트코인을 1억원 가격에 1,000만원어치 샀다고 가정해봅시다. 비트 가격이 9,000만원이 되면 -10%가 되니 100만원을 잃게 됩니다. 이때 비트코인 가격이 떨어지면 오히려 거꾸로 돈을 버는 상품에 가입해놓았다고 합시다. 비트코인 가격이 9,000만원이 되어서 100만원을 잃었지만, 떨어지면 거꾸로 돈을 버는 상품에서는 +10% 수익을 기록해서 100만원의 수익을 얻어, -100만원 + 100만원이 되어 내 최종 수익은 0원이 됩니다. 즉 어떠한 위험도 존재하지 않게 되는 것이죠. 이때 가격이 떨어지면 돈을 버는 상품을 '숏(Short) 혹은 공매도'라고 부르며 주식 시장과 달리 코인 시장은 바이낸스 같은 세계 최대의 거래소에서 이 기능을 지원하고 있습니다.

이 기능을 이용해 OKX와 같은 거래소에서 하는 이벤트에 참여하는 것입니다. 비트코인을 가지고 있는 홀더라면 그냥 예치만 하면 되지만, 대부분은 비트코인이 없을 테니 딱 이벤트에 참여할 만큼만 구매하고 그만큼을 1배로 숏을 치면 되는 것입니다. 선물 거래와 같은 경우 1배, 2배, 4배, 10배 등 레버리지가 여러 가지가 있는데 여기서 1배로 설정을 하면 정확히 그 금액만큼만 공매도를 하게 됩니다. 반대로 2배나 4배를 하게 되면 내가 가지고 있는 돈을 2배, 4배로 뻥튀기해서 공매도를 하게 되고요. 이렇게 고배율로 할 경우 청산이라는 것을 당할 확률이 커져서 아주 위험한 투자가 됩니다. 굉장한 리스크를 지는 투자라 고배율은 반드시

(출처 : OKX 거래소 점프스타트 수익률)

지양해야 합니다.

하지만 이렇게 1배 공매도를 이용하고 동시에 비트코인을 그만큼만 매수한다면, 어떠한 손해도 보지 않고 안전하게 이벤트에만 참여할 수 있습니다. 예를 들어 2,000만원이 있다고 가정하면 1,000만원으로 비트코인을 사고 1,000만원으로 1배 공매도를 합니다. 그리고 구매한 비트코인을 OKX 거래소에 옮겨 에어드랍 이벤트에만 참여합니다. 만약 이벤트에 참여하는 2주일 사이에 비트코인 가격이 -20%로 폭락해서 200만원의 손해를 봤다고 해도 공매도를 한 곳에서 +20%의 이익을 보아 200만원의 이득을 보았으니 합계는 0원이 되어 어떠한 손해도 없게 됩니다. 하지만 에어드랍 이벤트로 인해 공짜로 신생 코인을 보유하게 되겠지요. 코인투자를 잘하는 전문가들은 이런 1배 공매도를 적극적으로 활용하고 있습니다.

코인 선물 거래 불법은 아닐까?

혹시나 이런 선물 거래가 불법은 아닐지 걱정이 될 수도 있겠습니다. 실제 과거 한국 거래소인 코인원에서는 선물(마진) 거래를 제공해 경찰에 입건되기도 했습니다. 그러나 검찰 단계에서 무혐의 처분이 나왔습니다. 그 이유는 아직 법령이 존재하지 않는다는 것이었습니다. 메이저 암호화폐 거래소에서 이용하는 선물 거래는 지금 상황에서는 어떠한 법도 존재하지 않아 불법이라 할 수 없습니다. 다만, 향후 법이 정비가 된다면 선물 거래 이용이 막힐 수도 있겠습니다.

42

코인 선물 거래 시 받는 펀딩피,
10% 이상 수익도 가능?
(ft. 무제한물 & 1배 숏)

코인 선물은 '무제한물' 개념 적용

선물 거래의 또 다른 장점 중 하나는 펀딩피라는 것을 받을 수 있다는 것입니다. 일반적인 금융 시장에서의 선물 거래와 다르게 코인 시장에서는 '무제한물'이라는 개념이 있습니다. 예를 들어, 일반적인 금융 시장에서의 선물 거래는 3개월물, 6개월물과 같은 시간 단위의 개념이 있습니다. 3개월 뒤의 석유 가격이 내릴지 오를지, 6개월 뒤의 옥수수 가격이 내릴지 오를지를 미리 예측하여 하락에 베팅하든지 상승에 베팅하는 것이 전통적인 금융 시장의 선물 거래인 것이죠. 그러나 코인과 같은 경우 이런 시간 단위의 베팅이 아닌 '무제한물(Perpetual)'이라는 개념을 적용합니다.

무제한물이 운영되는 방식은 더 많이 베팅한 쪽이 더 적게 베팅한 쪽에 수수료를 지급하는 것입니다. 이를 펀딩피라고도 부르는데, 통계적으로 사람들은 내리는 쪽(숏)보다는 오르는 쪽(롱)에 베팅하는 것을 더 좋아하기에 보통 이 펀딩피는 숏을 건 사람들이 롱을 건 사람들에게 받게 됩니다.

코인 1배 숏 쳐서 펀딩피만 받는 전략 - 최대 15% 수익 가능

그렇다면 펀딩피만 안전하게 받을 수 있는 방법은 무엇일까요? 바로 코인을 사서 코인으로 1배 숏을 하는 것입니다. 앞의 장에서는 현금을 가지고 1배 숏을 했다면, 이번에는 코인을 사서 1배 숏을 합니다. 그러면 코인 가격이 오르든 내리든 아무런 금액의 변동이 없게 됩니다. 하지만 그 상태로 펀딩피만은 받을 수 있게 되지요. 코인 숏 펀딩피를 가장 안전하게 하는 방법은 비트코인이나 이더리움을 사서 코인으로 1배 공매도를 하는 것이며, 수익률은 평균적으로 1년에 10~15% 사이에 형성되고 있습니다.

이 수익률을 살펴보기 위해서는 바이낸스 사이트에 접속하여 [Future] - [COIN-M Futures] - [Data] - [Funding Rate History] 탭에 들어가면 됩니다.

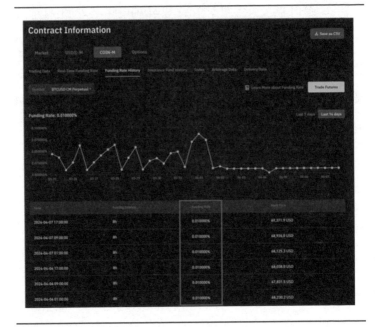

(출처 : 바이낸스 암호화폐 거래소 사이트)

위 사진을 보면 8시간마다 0.01%씩 수익금이 들어오는 것을
볼 수 있지요? 이것이 1년 쌓이면 큰 금액이 됩니다. 다만, 가끔씩
-0.01%가 되는 경우도 있는데 이 경우는 해당 8시간 사이에 롱을
치는 사람들보다 숏을 치는 사람들이 더 많아 숏을 치는 사람들이
롱을 치는 사람들에게 펀딩피를 지급했다는 의미가 됩니다. 그러
나 사람들은 대부분 숏보다는 롱을 많이 치기 때문에 이런 경우는
흔치 않으며 장기적으로 봤을 때는 숏이 펀딩피를 압도적으로 많
이 가져갑니다.

짧은 지면에 펀딩피 전략을 담은지라 이해되지 않은 부분도 있을 것입니다. 일단 이런 투자가 있다는 정보를 알았다는 것에 의의를 두고 더 자세한 내용은 유튜브와 구글 검색을 통해 학습하는 것을 추천합니다. 여기서 유념해야 할 것은 코인투자는 새롭게 나온 신생 투자이니만큼 위험하게 투자하려면 한도 끝도 없이 위험할 수 있고 안전하게 투자하려면 여러 전략을 통해 리스크를 없애버릴 수도 있다는 것입니다. 부동산이나 주식에서는 볼 수 없는 코인투자만의 특징이지요.

43

순위와 시장 점유율로 우량 거래소 선택하기
(ft. 코인마켓캡)

연이은 파산과 소송, 어떤 거래소를 이용할까?

마운트곡스나 FTX 등 거래소 파산 사태와 현재도 진행 중인 미국 정부와 코인베이스, 바이낸스 등 주요 거래소 사이의 소송전을 보면 어떤 거래소를 사용해야 할지 고민이 될 수밖에 없습니다. 국내 거래소 중에는 업비트, 빗썸, 코인원, 코빗, 고팍스가 디지털자산거래소 공동협의체(DAXA)를 구성하고 있어 신뢰할 수 있는 거래 서비스를 제공하고 있습니다. 주요 거래소인 업비트와 빗썸의 특징은 다음과 같습니다.

국내 No.1 업비트, 수수료율 0.05%

업비트의 경우 전 세계에서 가장 거래가 활발한 거래소 중 하나로 미국 나스닥 상장 거래소인 코인베이스와 비교해도 거래량에 큰 차이가 없습니다. 2017년 서비스를 시작하여 줄곧 국내 시장 1위를 지키고 있습니다. 한때 화면 표기가 제대로 이루어지지 않거나 입출금이 중단되는 문제로 비판을 받기도 했으나 서비스 장애에 대해 투명하게 보상하고 있으며 여러 차례 업데이트를 거치면서 서비스 장애 문제는 많이 개선된 상황입니다. 기본 수수료율(매수 매도 때마다 발생하는 비용)은 0.05%이며 케이뱅크에서 실명계좌를 발급받아 사용하고 있습니다. 최근에는 무리한 성장보다는 관리에 집중하고 있으며 새로 상장하는 코인 수도 가장 적은 편입니다. 실명계좌는 K뱅크에서 발급받습니다.

코인 해킹 전력이 있는 빗썸, 콜드월렛으로 자산 보관

빗썸의 경우 2013년 엑스코인으로 서비스를 시작했으나 2015년 현재 이름인 빗썸으로 변경했습니다. 과거 이오스 300만 개를 해킹당하거나 리플 등 300억원 규모의 코인 해킹 사건을 겪으면서 유저 이탈이 많이 있었으나 현재는 대부분의 자산을 콜드월렛에 보관하며 보안을 강화했습니다. 또한 위기를 기회 삼아 업계 최초로 자금세탁방지센터를 만들기도 했습니다. 업비트에 비해 최근까지 활발하게 신규 코인을 상장하고 있습니다. 업비트의 경우 2023년 1월부터 11월까지 22개의 코인을 상장했는데 같은 기간 빗썸은 4배 넘는 91개를 상장했습니다. 빗썸은 시장 점유율을 높이기 위해 2023년 10월 한시적으로 수수료 무료 정책을 펼치기도 했으며 현재도 쿠폰 등록 시 0.04%의 기본 수수료율을 받으며 업계에서 가장 낮은 수준의 수수료 정책을 펼치고 있습니다. 실명계좌는 농협에서 발급받아 사용하고 있습니다.

코인마켓캡에서 거래소 순위와 시장 점유율 비교하기
두 개 이상 거래소 이용 추천

코인 거래소를 선택하는 데 거래소 순위나 시장 점유율도 참고해볼 만합니다. 코인마켓캡(coinmarketcap)에서는 트래픽, 유동성, 거래량, 거래 정당성에 대한 신뢰도를 기준으로 거래소를 점수화하여 순위를 부여하고 있는데 국내 거래소 중에서는 2024년 4월 15일 기준 업비트가 5위(7.4점)로 가장 높은 순위를 차지했으며 빗썸은 22위(6.1점), 코인원이 40위(5.6점), 코빗이 74위(4.9점), 고팍스가 134위(4.5점)를 차지하고 있습니다. 이는 거래소의 시장 점유율 순위와도 동일한데 2024년 3월 기준 업비트가 81%, 빗썸이 16%, 코인원 1.6%, 코빗 0.3%, 고팍스 0.28%의 점유율을 차지하고 있습니다.

코인 거래소의 경우 은행처럼 예금자보호금액(원금과 이자를 합산하여 은행에서 사고가 날 경우 최대 5,000만원까지 보호해주는 제도)이 설정되어 있지 않으며 거래소마다 상장된 코인의 종류도 차이가 있기 때문에 가능하면 두 개 이상의 거래소를 사용하는 것이 안전합니다.

거래소 순위와 시장 점유율을 확인할 수 있는 코인마켓캡
(출처 : 코인마켓캡 홈페이지 https://coinmarketcap.com/ko)

44

코인 언제 사요? 언제 팔아요?
(ft. 가상자산 공포·탐욕지수)

투자자들의 심리 상태를 수치화한 공포·탐욕지수

공포·탐욕지수라는 것이 있습니다. CNN에서 주식 시장을 분석할 때 사용하면서 유명해진 지수인데 주식 시장에서 투자자들이 느끼는 심리 상태를 공포와 탐욕으로 수치화하여 제공하는 것입니다. 주식 시장의 공포·탐욕지수를 참고하여 만든 것이 있는데 가상자산 공포·탐욕지수입니다. 가장 유명한 것은 가상자산 데이터 제공 업체 얼터너티브닷미 사이트(https://alternative.me)에서 제공하는 공포·탐욕지수(Fear&Greed Index)입니다.

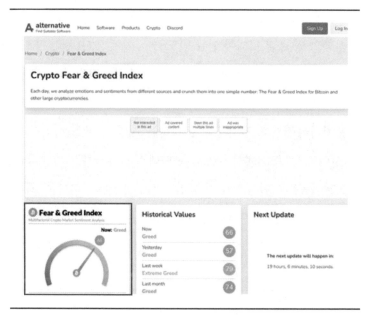

공포·탐욕지수를 확인할 수 있는 얼터너티브닷미 사이트(https://alternative.me)

비트코인 기반 가상자산 공포·탐욕지수 4단계

극단적 탐욕(100~76), 탐욕(75~51), 공포(50~26), 극단적 공포 (25~0)로 표시되는데 극단적 공포일 경우 매수의 기회로 보고 극단적 탐욕에 들어설 경우 시장이 조정될 가능성이 크다는 것을 의미합니다. 투자자들 사이에는 "시장이 공포일 때 사고 시장이 환희에 젖었을 때 팔아라."라는 말이 있는데 공포·탐욕지수는 위 시기가 언제인지를 수치화해서 보여주고 있습니다.

공포·탐욕지수는 비트코인 가격의 변동성(25%), 코인 시장의 거래량(25%), 소셜 미디어 언급 빈도(15%), 자체 조사(15%), 비트코인 도미넌스(10%), 구글 트렌드(10%)를 종합하여 정해지는데 수치만 발표할 뿐 분석 내용에 대해서는 제공하지 않고 있습니다.

우리나라에서도 업비트가 운영하는 시장 인덱스 서비스 제공 사이트인 UBCI에서 공포탐욕 인덱스를 제공하고 있습니다. UBCI 공포탐욕 인덱스의 경우 업비트에 상장된 각 코인에 대한 공포탐욕 단계를 점수화하여 제공하고 있어 업비트 투자자들에게는 얼터너티브닷미의 원조 지수보다 더 유용한 면이 있습니다.

업비트의 UBCI에서 제공하는 공포탐욕 인덱스

45

미국의 기관과 법인은
코인을 어디에서 구매할까?
(ft. 커스터디 서비스)

코인 수탁 서비스 업체 등장

2024년 1월 미국 시장에서 비트코인 현물 ETF가 승인되면서 코인을 투자 포트폴리오의 일부로 구성하는 기관이나 법인 투자자가 늘어나고 있는 추세입니다. 기관이나 법인 투자자가 증가하면서 주목받고 있는 것이 있는데 코인 커스터디(custody, 수탁) 서비스입니다. 전통적인 금융 커스터디란 사업자가 투자자의 재산에 대해 소유권을 가지지는 않고 보관, 관리, 부수적인 금융 거래를 지원해주는 서비스를 의미합니다. 코인 커스터디도 이와 유사하게 코인 발행사나 거래소, 기관이 보유하고 있는 코인을 대신 보관 및 관리해주고 이에 대한 금융 거래를 지원해주고 있습니다.

커스터디 서비스로 2가지 문제 해결
발행사 유통 관리 투명성 & 외부 해킹 축소

코인 소유자들이 커스터디 서비스를 이용하는 이유는 여러 가지가 있습니다. 코인 발행사의 경우 커스터디 서비스를 이용하면 유통량에 관한 문제에 휩싸이지 않을 수 있습니다. 유통량 문제는 보통 코인 발행사가 자체 보유 물량을 시장에 몰래 풀면서 생기게 되는데 커스터디 서비스를 통해 자체 보유분을 맡기고 백서나 공시를 통해서만 출금할 수 있도록 하면 유통량을 투명하게 관리할 수 있게 됩니다. 과거 유통량 문제로 거래소 상장폐지까지 되었던 위믹스의 경우에도 유통량 문제 해결을 위해 바이낸스 커스터디 서비스를 통해 코인을 모두 보관 및 관리하며 문제를 해결한 사례가 있으며 최근에는 거래소에서도 상장 시 발행사가 가지고 있는 코인을 커스터디 서비스를 통해 맡기라고 권유하고 있습니다.

코인 거래소의 경우 커스터디 서비스를 통해 거래소가 보유하고 있는 코인의 외부 해킹 가능성을 낮출 수 있습니다. 커스터디 서비스를 이용하면 코인 거래소와 커스터디 회사 양쪽이 암호키를 나눠서 보관하게 되어 양측의 확인을 거치지 않으면 출금이 불가능하여(멀티시그 기술) 사고 위험을 줄일 수 있습니다.

기관 투자자라면 장외 거래 서비스 유용
커스터디사에서 솔루션 제공

기관 투자자의 경우 커스터디사에서 제공하는 장외 거래(OTC) 서비스가 유용할 수 있습니다. 기관의 경우 대량으로 코인을 매수하거나 매도하는 경우가 많은데 이러한 거래가 일반 거래소에서 이뤄지게 되는 경우 어떻게 될까요? 한 투자자가 한 거래소에서 하루 1,000억원어치 이더리움(ETH) 물량을 매도한다면 해당 거래소의 이더리움 가격은 다른 거래소와 비교했을 때 폭락하게 될 것입니다. 물론 현실적으로 이 정도 물량을 특정 거래소에서 소화하는 것도 쉽지 않습니다. 이러한 이유로 기관에서는 코인 거래를 할 때 거래소가 아닌 장외 거래를 하게 되는데 커스터디사에서는 장외 거래를 중개하고 장외 거래 후 기관이 소유하게 될 코인을 보관해주거나 직접 보관할 수 있는 솔루션을 제공해주고 있습니다.

코인베이스 커스터디가 1등 주자

커스터디 사업의 선두 주자는 코인베이스 커스터디(Coinbase custody)이며 1,000억 달러 규모의 자산을 관리하고 있습니다. 미국 비트코인 현물 ETF 운용과 관련하여 운용사가 보유하고 있는 비트코인 90% 규모를 코인베이스 커스터디에서 관리하며 업계 1위 자리를 공고히 하고 있습니다.

국내에서는 국민은행, 블록체인 투자사 해시드 등이 공동으로 설립한 한국디지털에셋(KODA)이 2021년 가상자산사업자로 신고를 마치고 운영 중에 있으며 2024년 2월 기준 수탁고 8조원을 돌파하며 국내 커스터디 시장 점유율 80% 정도를 차지하고 있습니다.

국내 커스터디 대표 주자 - 한국디지털에셋(출처:KODA 홈페이지)

46

MS, 구글, X는
왜 코인을 결제 수단으로 도입할까?

대기업도 상시적 코인 결제 허용 증가 추세

과거에는 버거킹이나 피자헛 등 대기업에서 특정 코인으로 결제를 하면 할인해주는 일시적인 이벤트가 유행했는데 최근 들어 상시적으로 코인 결제를 허용하는 대기업들이 늘어나고 있습니다.

마이크로소프트는 비트코인을 통해 캐시 충전을 할 수 있도록 허용했으며 미국 최대 통신사인 AT&T에서도 코인을 통해 결제를 허용하고 있습니다. 구글의 경우 코인베이스와 협업하여 구글 클라우드 서비스에 비트코인, 이더리움, 도지코인 등을 통한 코인 결제 서비스를 지원할 예정이고 일론 머스크가 인수한 소셜네트워크서비스 X에서도 코인을 통한 결제 및 후원 기능 도입을 예고

했습니다.

비자는 이더리움과 솔라나를 통한 결제 시스템 구축

기존 카드 결제 시스템의 경우 소비자가 물건을 결제할 때마다 가맹점은 2~3%에 달하는 높은 수수료를 지급해야 하는데 이와 같은 문제점을 해소하기 위해 미국에서는 2012년 코인 결제 서비스 업체인 비트페이(BitPay)가 만들어지기도 했습니다. 시장에서 자리를 잡기까지 여러 난관들이 있었으나 비트페이는 2021년 애플페이 월렛의 결제 옵션에 추가되었고 미국 일부 주에서는 비트페이를 통한 세금 결제도 허용하며 성장을 거듭하고 있습니다.

코인 결제 시장이 대두되기 시작하면서 비자카드와 같은 전통적인 금융 플랫폼 회사나 페이팔과 같은 금융 결제 플랫폼 회사도 코인 결제 서비스 사업에 뛰어들기 시작했습니다. 비자는 암호화폐 책임자(Head of Crypto) 포지션을 만들면서 이더리움과 솔라나를 통한 결제 시스템을 실험하고 있습니다

페이팔은 자체 스테이블코인 PYUSD 출시

페이팔은 일론 머스크가 나간 이후 '혁신 없는 페이팔'이라는 시장의 평가를 받기도 했으나 코인 관련 전문 인력을 100명 넘게

고용하여 코인 결제 시스템을 구축하고 있으며 자체 스테이블코인 PYUSD를 출시하기도 했습니다.

미국의 시장조사기관인 '얼라이드 마켓 리서치(Allied Market Reserarch)'의 보고서에 따르면 데이터 보안 서비스 시장 성장, 신흥국의 송금 수요 급증, 결제 시스템 효율성 및 투명성 제고 수요 등이 코인 결제 시장 성장세를 촉진하여 2031년이면 시장 규모가 최대 5,000조원까지 성장할 수 있다고 합니다. 앞으로 2031년까지 7년밖에 남지 않은 상황인데 우리 일상에서 코인 결제가 얼마나 빠르게 기존 결제 시스템을 대체할지 기대됩니다.

페이팔의 스테이블코인 PYUSD

47

AI 코인 열풍, 핵심 기술 내용은?

미국 빅테크 기업과 국내 기업의 AI 코인 상장 문전성시

마이크로소프트, 알파벳, 메타 등 미국 빅테크 기업들이 AI를 미래 대표적인 먹거리로 뽑으면서 AI 시장에 불이 붙었고 AI 반도체 시장의 70% 가까운 점유율을 차지하고 있는 엔비디아 시가 총액은 1년 사이 3배 넘게 증가했습니다. AI 시장이 유례없는 호황을 맞으면서 AI 데이터를 학습하는 데 필요한 클라우드 공간이나 컴퓨팅 파워를 블록체인 네트워크를 통해 분산한다는 등 저마다의 목표를 내세운 AI 관련 코인이 주목받고 있습니다.

특히 2024년 3월에는 챗GPT의 개발사 오픈 AI가 텍스트를 입력하면 영상을 만들어주는 AI 소라(Sora)를 공개하고 글로벌 AI

축제인 GTC(GPU Technology Conference) 2024 개최까지 맞물리면서 AI 시장의 호재가 이어지고 있으며 AI 관련 코인도 함께 상한가를 기록하고 있습니다. 업비트와 빗썸에 상장된 주요 AI 코인으로는 아캄(ARKM), 니어프로토콜(NEAR), 더그래프(GRT), 랜더토큰(RNDER), 싱귤래리티넷(AGIX) 등이 있는데 저마다 AI와 관련성을 가지고 있어 주목을 받고 있습니다.

주요 AI 코인의 핵심 기술

■ **아캄(ARKM)** : 아캄은 자체 개발한 AI 기술인 울트라를 활용하여 온체인◆ 활동을 추적하는 분석 및 시각화 기술을 가지고 있으며, 이를 통해 투자자들의 편의성 및 온체인 정보 비대칭성 해소를 목표로 하고 있습니다.

■ **니어프로토콜(NEAR)** : 니어프로토콜은 AI 관련 플랫폼 니어태스크를 출시했으며 니어프로토콜의 창업자 일리야 플로수킨이 구글 AI 엔지니어 출신이라는 점에서 많은 관심을 받고 있습니다. 일리야 플로수킨이 최근 열린 GTC 2024에서 연사

◆　**온체인(on-chain)** : 네트워크에서 발생하는 모든 내역을 블록체인에 저장하는 방식을 뜻한다. 오프체인(off-chain)은 블록체인 밖에서 거래 내역을 기록하는 방식. 자세한 내용은 158쪽 참고.

로 참가한다고 하자 이틀 사이 70% 가까이 가격이 급등하기
도 했습니다.

- **더그래프(GRT)** : 더그래프는 사용자가 쿼리(Query, 사용자가 질문을 하면 데이터베이스에 답을 요청하는 것)하면 수많은 데이터 중 관련 정보를 찾아주는 서비스를 제공하며 '블록체인의 구글'로 불리고 있습니다. 아직까지는 구글과 달리 일반 사용자가 아닌 개발자들만 서비스를 이용하고 있으나 향후 이용자 범위 확장에 따른 성장이 기대되고 있습니다.

- **렌더토큰(RNDER)** : 렌더토큰은 탈중앙화된 클라우드 렌더링 플랫폼을 표방하며 사용하지 않는 GPU를 보유한 사람이 요청받은 작업을 처리할 경우 렌더토큰을 보상으로 지급하고 있습니다.

- **싱귤래리티넷(AGIX)** : 싱귤래리티넷은 AI 마켓플레이스 플랫폼을 구축하여 이를 통해 누구나 쉽게 AI 서비스를 생성하고 수익화할 수 있도록 하고 있습니다. 싱귤래리티넷에서 제공하는 마켓플레이스를 통해 개발자는 AI 관련 도구를 판매하고 소비자는 AI 관련 도구나 서비스를 구매할 수 있습니다.

AI 코인은 밈코인과 비슷하다?

AI 코인의 최근 가격 급등이 코인 자체의 본질적 가치를 인정받은 결과이기보다는 주식 시장의 테마주나 밈코인과 특정 산업군의 호재에 편승한 측면이 있다는 점에서 투자에 유의해야 한다는 의견도 있습니다. 미국 최대 코인 거래소인 코인베이스에서도 "AI 코인은 지속 가능한 추진 요소가 부족하다는 점에서 밈코인과 비슷하다."라는 평가를 하기도 했습니다. AI 관련 코인을 구매할 때에는 가격 변동성에 대해 반드시 주의할 필요가 있습니다.

48

내 컴퓨터 성능을 팔면 코인을 번다고?
아카시네트워크 코인
(ft. 클라우드의 코인화 - AI 섹션)

구글과 애플은 저장 클라우드 공략
아카시네트워크는 개발자를 위한 클라우드 공략

2024년 4월, 업비트와 빗썸 암호화폐 거래소에 새롭게 상장된 아카시네트워크 코인은 컴퓨터의 CPU, GPU, 메모리 등의 리소스 파워를 아카시 콘솔이라는 홈페이지를 통해 팔아서 코인을 채굴할 수 있는 특이한 콘셉트의 코인입니다.

아카시네트워크 코인이 지향하는 것은 일종의 클라우드 시스템이라고 할 수 있는데 일반인들은 구글 드라이브나 애플 아이클라우드 등 저장 공간만 주로 필요한 반면 연구자들이나 개발자들은 AI를 개발하거나 다양한 연구 프로젝트의 계산을 하는 데 엄청난 규모의 CPU나 GPU, 메모리, 저장용량 공간 등이 필요하게 됩니다. 아카시네트워크는 이런 니즈에 대해 자신의 컴퓨터를 빌려주려는 사람들의 공급과 컴퓨터를 빌리려는 사람들의 수요를 연결하여 그 중간 매개자 역할을 해주는 코인입니다.

만약에 자신의 컴퓨터를 아카시네트워크에 빌려주어 아카시네트워크 코인을 얻고 싶다면 다음 사이트에 들어가면 됩니다. https://console.akash.network/providers 여기서 Become a provider를 클릭 후 SDK(소프트웨어 개발 키트)를 다운받고 자신의 컴퓨터에 설치하면 자신의 컴퓨터 성능이 아카시네트워크에 연결되면서 코인을 얻을 수 있습니다.

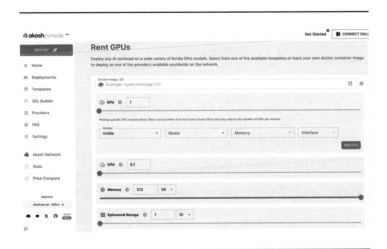

(출처 : 아카시 콘솔 홈페이지)

다만 이렇게 할 경우 자신의 컴퓨터는 거의 사용하지 못할 정도로 모든 성능을 아카시네트워크에 분배하게 되며, 전기세 대비 채굴 수익이 나오는지에 대해서는 자신의 컴퓨팅 성능이 얼마만큼이 되어 수익률이 되는지를 확인해보고 채굴을 진행해야 합니다.

메인넷을 보유한 아카시네트워크 AI가 발전할수록 전도유망!

아카시네트워크는 토큰이 아니라 별도로 메인넷이 되어 있는 코인이며, 2024년 4월 기준 시가총액 81위를 기록하고 있습니다. 이런 컴퓨팅 성능을 빌리려는 수요에 대해서 일반인 관점에서는 이해가 안 될 수도 있는데, 분산 네트워크 컴퓨터망을 구성하려는 프로그래머나 AI 소프트웨어를 개발하는 개발자, 대학에서 천체물리학 등의 큰 계산이 필요한 분야를 연구하는 연구자들은 필수적으로 높은 성능의 GPU와 CPU를 필요로 하게 되어 있습니다. 그런데 이에 맞는 컴퓨터를 구매하기에는 자금이 부족하거나 컴퓨터를 설치해둘 공간이 부족하거나 하는 문제를 겪을 수 있습니다. 때문에 렌트카 서비스처럼 일정 부분 기간을 정해두고 컴퓨터를 빌려서 그 기간에만 다른 사람의 컴퓨터 성능을 '렌트'하는 개념으로 연구와 개발을 수행하려고 하는 것입니다. 실제 사용처가 있다는 점에서 새로운 코인 시장을 창조한 개념이며 일반인들도 자신의 컴퓨터를 빌려줄 수 있다는 점에서 접근 가능성도 높은 프로젝트입니다. 컴퓨터 성능을 렌탈하려는 수요자는 아카시 네트워크 코인을 구매하여 가격을 지불해야 하기 때문에 향후 이런 사람들의 수요가 늘어날수록 코인 가격도 오를 것을 기대해볼 수 있습니다. 즉, AI가 발전하여 AI 개발자들이 아카시네트워크를 통해 더 많은 개발을 할수록 코인 가격도 오르게 되는 구조입니다. 따라서 간접적인 AI 섹터 코인이라고 할 수 있습니다.

49

한국에 상장되지 않은 코인을 해외 거래소에서 사려면?
(ft. 달러 페깅된 스테이블코인 활용)

트래블룰이 인증된 바이낸스에서 구매 가능

한국 거래소인 빗썸이나 업비트에서 구매할 수 없는 코인도 트래블룰이 인증된 바이낸스 같은 해외 암호화폐 거래소를 이용하면 구매를 할 수 있습니다. 또한 앞서 알려드린 1배 공매도나 업비트 상장 보따리*와 같은 투자 기법은 반드시 해외 암호화폐 거래소를 이용해야만 가능한 투자 방법이죠. 그런데 이렇게 해외 암호화폐 거래소로 코인을 전송하는 데는 리스크가 하나 따릅니

....

◆   1배 공매도는 175쪽, 업비트 상장 보따리 관련 내용은 173쪽 참고.

다. 바로 코인을 전송하는 도중 가격이 폭락하는 리스크죠. 예를 들어, 비트코인과 같은 경우 전송하는 데 대략 30분에서 1시간 정도가 소요되고, 이더리움은 20분에서 30분 정도가 소요됩니다.

코인 전송 과정에서 가격 폭락 리스크 발생! 비트코인은 30분~1시간, 이더리움은 20~30분

이렇게 암호화폐를 전송하는 시간 사이에 갑자기 큰 이변이 생겨 코인 가격이 폭락할 수가 있습니다. 그렇다면 이것을 해결할 수 있는 방법은 없을까요? 한국과 같은 경우 코인을 거래할 때 화폐 단위를 무엇을 사용하지요? 우리들이 일상생활에서 흔히 사용하는 원화를 이용해 코인을 거래합니다. 그렇다면 해외 암호화폐 거래소는 무엇으로 코인을 거래할까요? 국제 금융의 중심이 되는 달러로 거래합니다. 하지만 여러 국가들의 규제에 의해 달러를 직접적으로 사용하여 코인을 거래하는 것은 금지되고 있습니다. 이를 회피하고자 나온 것이 USDT라는 테더 코인과 USDC라는 유에스디 코인입니다. ◆

◆　테더(USDT)는 92쪽 참고.

가상자산명	현재가	변동률	거래금액(24H)	시가총액
테더 USDT/KRW	1,430 원	1 원(-0.07%) ▼	≈ 41,581,708,152 원	152조4039억
유에스디코인 USDC/KRW	1,430 원	2 원(-0.14%) ▼	≈ 1,053,391,671 원	46조1903억

(출처 : 빗썸 거래소)

달러 페깅된 스테이블코인(USDT, USDC)으로
가격 변동성 방어

빗썸에서는 이 코인들을 원화로 구매할 수 있는데 이 코인들을 사면 달러를 사는 것과 100% 동일한 효과를 보게 됩니다. 다만, 김치 프리미엄[◆] 현상으로 인하여 약간의 웃돈을 주고 사야 하지요. (김치 프리미엄은 이 코인들뿐만 아니라 다른 코인에도 다 붙어 있는 것이니 이 코인들만의 문제라고는 할 수 없습니다.) 즉, 현재의 달러 원화 환율 + 김치 프리미엄을 더한 값이 빗썸에서 구매할 수 있는 테더와 유에스디 코인의 가격이 됩니다.

이런 코인을 달러와 1대 1로 매칭이 된다고 해서 달러 페깅^{◆◆} 코인이라고 하는데, 코인을 발행한 만큼 이 코인을 발행한 회사

◆ 김치 프리미엄은 72쪽 참고.

◆◆ **페깅(pegging)** : 페깅(페그)의 사전적 의미는 사물을 고정시키는 것이다. 달러 페깅이란 미국 달러에 자산을 안정적으로(stable) 고정시켜서 환율 불확실성과 교환 용이성을 위해 사용한다.

에서 달러를 은행에 예치하여 1대 1로 달러와 코인의 가격을 보장해주는 구조로 이루어져 있습니다. 이것을 다른 말로 스테이블 코인이라고도 부르죠. 이렇게 테더 코인을 사서 이를 바이낸스나 HTX, OKX와 같은 트래블룰이 적용된 거래소로 보내게 되면, 직접적으로 달러를 이용해서 한국에는 상장되어 있지 않은 여러 종류의 암호화폐를 거래할 수 있습니다. 이뿐만 아니라, NFT 투자 P2E 게임 투자 등 다양한 분야에 투자할 수도 있죠. 비트코인이나 이더리움으로 해외 거래소로 전송하게 되면 가는 동안 가격이 폭락할 리스크도 있고, 비트코인을 팔고 다시 테더를 사는 동안 이중으로 거래 수수료가 든다는 단점이 있습니다. 그런데 이렇게 바로 달러에 페깅된 코인을 사서 직접 전송을 하면 폭락 리스크도 없어지고 거래 수수료도 들지 않는 장점이 있죠.

한국에서 상장되지 않은 코인을 안전하게 매수하는 방법

국내 거래소

원화로
USDT 또는 USDC 매수

→

해외 거래소

USDT 또는 USDC로
해외 코인 매수

테더(USDT)는 멀티체인 코인
거래소가 지원하는 네트워크 선택 필수! 유실 주의!

다만 유의해야 할 것은 테더(USDT)는 멀티체인 코인이란 점입니다. 멀티체인은 하나의 가상자산에 2개 이상의 블록체인 네트워크를 지원하는 기술로, 전송 시 처리 속도는 물론 수수료 문제를 해결해줍니다. 하지만 멀티체인이기 때문에 어느 네트워크를 이용해서 이 코인을 전송해야 할지를 명확하게 적시해야 합니다.

예를 들어 빗썸과 같은 경우 테더(USDT)의 멀티체인 네트워크 중에서도 트론 네트워크를 이용하고 있기에 반드시 트론 주소로 송금을 하고 다른 멀티체인인 이더리움으로 송금하면 안 되죠. 만약 다른 멀티체인 주소로 송금하게 되면 코인이 유실되는 참사가 벌어질 수도 있습니다.

50

느린 속도와 비싼 수수료를 보완한 멀티체인 기술이란?
(ft. 코인 뱅크런?)

멀티체인 기술 - 코인 입금 주소를 여러 개 만드는 기술

달러와 1대 1로 매칭이 되는 코인인 테더(USDT)가 사용하는 것이 대표적인 멀티체인 기술인데, 이 멀티체인 기술에 대해 쉽게 예를 들기 위해 바이낸스에서 테더 코인을 전송할 때 뜨는 화면을 살펴보겠습니다.

바이낸스 거래소에서 테더 코인을 입금받으려고 하면 다음과 같은 화면이 뜨는데 TRX, BSC, MATIC, ETH, ARBITRUM 등 다양한 입금 방식을 지원하는 것을 확인할 수 있습니다. 이는 일반적인 코인들이 하나의 주소만 있는 것과는 다르게 여러 개의 코인 입금 주소를 지원하고 있는 것인데, 이렇게 여러 블록체인을 이용

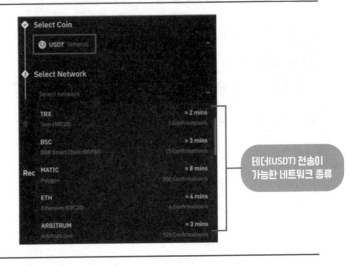

테더(USDT) 전송이
가능한 네트워크 종류

(출처 : 바이낸스 암호화폐 거래소 홈페이지)

한 코인 입금을 지원하는 것을 멀티체인 네트워크라고 부릅니다.

테더 멀티체인 사례

기술적으로 이것이 어떻게 가능하냐면 생각보다 방식은 쉽습
니다. 테더와 같은 경우 코인을 발행한 숫자만큼 달러를 자신들
의 은행에 보관해놓아 코인 1대 달러 1을 담보로 잡아 1달러만큼
의 가치를 보장해줌으로써 달러와 매칭되는 안정성을 얻는 코인
입니다. 이런 경우 테더가 코인을 발행할 때 어떤 방법을 쓸 수 있
을까요? 첫 번째로는 테더 자체의 메인넷에서 코인을 발행하는

방법이 있을 것입니다. 두 번째로는 이더리움에서는 ERC-20 토큰을 만들고, 트론에서는 TRC-20 토큰을 만들고, BNB 코인에서는 BEP-20 토큰을 만들어서 각각의 블록체인마다 테더 토큰을 별도로 만드는 방법이 있을 것입니다. 테더의 발행사는 이 2가지 방식을 모두 채택하고 있습니다. 그래서 테더 메인넷으로 코인을 전송할 수도 있고, 이더리움 블록체인으로 코인을 전송할 수도 있고, 트론이나 BNB 네트워크로 코인을 전송할 수도 있을 것입니다. 각 네트워크별로 토큰을 발행해놓는 것이죠. 사람들이 편하게 테더를 전송할 수 있도록 하기 위해서요.

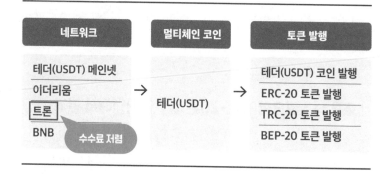

송금량 관리를 위한 코인 발행 & 코인 소각
코인도 뱅크런 가능할까?

그런데 이런 의문이 들 수도 있을 것입니다. 테더는 달러와 1대

1로 매칭이 된다고 했습니다. 이때 이더리움에는 20, 테더 메인넷에는 40, BNB에는 10, 트론에는 30 등 다양한 블록체인에 분산하여 토큰을 만들어놓았는데 만약에 이더리움에서 100만큼의 송금이 일어나면 어떻게 되겠는가 하는 문제 말이죠. 테더 발행사는 이를 해결하기 위해 한쪽에 송금량이 몰릴 경우 다른 네트워크에 있는 코인을 소각하고, 다른 네트워크에 코인 발행을 늘려서 이를 대처하는 방법을 고안해놓았습니다. 그런데 실제 이 방법이 잘 시행되지 않는 것은 평상시에 시중 은행에서 모든 돈을 다 출금해줄 일이 없는 것처럼 테더의 한쪽 네트워크에 모든 출금이 다 일어나는 일이 사실상 존재하지 않는다는 것입니다. (시중은행도 뱅크런 등의 문제만 터지지 않는다면 모두가 한꺼번에 돈을 인출하는 일은 없어 일정 부분만 지급준비금으로 지니고 있습니다.)

트론 네트워크의 TRC-20은 수수료 저렴해서 인기

그렇기 때문에 안정적으로 이미 발행한 토큰 내에서 멀티체인이 정상적으로 운영되고 있죠. 빗썸에서 해외 거래소로 코인을 보낼 때 주로 사용하는 방식은 트론 네트워크의 TRC-20 방식입니다. 즉, 트론 안의 테더 토큰으로 테더를 보낸다고 생각하면 되겠습니다. 각 멀티체인은 블록체인마다 장단점이 있는데 트론과 같은 경우 수수료가 아주 저렴하다는 장점이 있습니다. 그렇기에 빗썸에서 다른 해외 암호화폐 거래소로 테더를 보내면 전송 수수료가 무료입니다.

(출처 : 빗썸 테더(USDT) 출금 화면)

51

코인을 담보로 코인 맞교환 중개?
크로스체인이란?
(ft. 웜홀 코인 & 브릿지 기술)

블록체인 폐쇄성에 도전장을 낸 크로스체인

멀티체인에 대해서는 방금 알아보았는데 이와 용어가 비슷하면서도 다른 크로스체인이란 무엇일까요? 멀티체인은 폐쇄적인 여러 개의 블록체인 안에서 별도로 테더 토큰과 같은 토큰을 만들어 다양한 블록체인에서 운용하는 것이라고 했습니다. 이와 달리 크로스체인은 직접적으로 1대 1로 다른 블록체인의 코인과 또 다른 블록체인의 코인을 교환하는 것을 의미합니다. 예를 들어, 이더리움 블록체인은 이더리움만의 생태계가 있어서 다른 블록체인과 달리 하나의 세계관을 구성하고 있습니다. 그렇기에 솔라나 블록체인에 있는 토큰이 이더리움 블록체인의 주소로 전송이 되면 세계관이 다르기 때문에 토큰이 유실되어버리죠. 이렇게 블록체인별로 자신들만의 고유 네트워크를 가지고 있는 것을 블록체인의 폐쇄성이라고 부릅니다.

웜홀은 브릿지 기술을 도입한 크로스체인 코인

크로스체인은 이런 블록체인의 폐쇄성에 도전하는 개념입니다. 빗썸에 상장되어 있는 웜홀이라는 코인이 대표적인 크로스체인 코인이죠. 크로스체인은 블록체인의 폐쇄성 문제를 해결하기 위해 '브릿지'라는 개념을 도입합니다. 만약에 브릿지라는 게 존재하지 않는 상태에서 이더리움 코인을 솔라나 코인으로 바꾸려면 어떻게 하면 될까요? 빗썸이나 업비트 같은 암호화폐 거래소에서 이더리움을 팔고 솔라나를 구매하면 될 것입니다. 그리고 솔라나 코인을 솔라나 주소로 출금하면 되겠죠. 이 과정에서 거래 수수료가 발생하고 과정이 복잡하며 시간이 오래 걸린다는 문제가 생기게 될 것입니다.

브릿지 기술은 담보대출 개념에서 탄생
출금의 번거로움과 수수료 발생 차단

그런데 브릿지라는 기술을 사용하면 이 문제를 해결할 수 있습니다. 이 기술을 쉽게 설명하자면 '담보대출'과 같은 개념을 사용하는 것인데, 이더리움을 솔라나 코인으로 바꿀 경우 이더리움을 wETH(여기서 w는 래핑, 즉 담보라는 의미)로 바꾸고 wETH를 담보로하여 그 가치에 맞는 솔라나 코인을 지급해줍니다. 즉 이더리움 블록체인에 있는 이더리움을 담보로 잡고 솔라나 블록체인에서 솔라나 코인을 새롭게 발행해준다고 생각하면 됩니다.

이 기술을 활용하기 위해 브릿지라고 하는 중간 매개자는 많은 양의 이더리움 코인, 이더리움 계열의 ERC-20 토큰 등을 확보하고 있습니다. 또한 여러 종류의 블록체인에서 많은 코인과 토큰들을 확보하고 있습니다. 그래서 바로바로 어떤 코인을 담보로 잡고 다른 코인을 빌려주는 것이죠.

단점은 담보로 잡은 코인이 해킹될 위험 노출

크로스체인을 활용할 경우 일시적으로 다른 코인이 필요할 때나 P2E 게임 투자 등에 일시적으로 한 코인이 필요할 때 유용하게 활용할 수 있다는 장점이 있습니다. 그런데 크로스체인의 브릿지는 많은 양의 코인을 임시로 보유하고 있기 때문에 해킹에 취약하다는 문제가 있습니다. 실제 2022년만 하더라도 크로스체인의 해킹 사고로 발생한 피해액만 1조 3,000억원(10억 달러)이 넘습니다. 해킹이 불가능한 구조인 단일한 블록체인과 달리 크로스체인은 여러 개의 블록체인이 담보 구조로 묶여 있으며 중간 매개자인 브릿지가 있는 구조이기 때문에 상대적으로 해킹에 취약합니다. 다만, 향후 암호화폐와 블록체인이 더 발전하면 할수록 크로스체인의 역할은 더욱 커질 것이며 투자에 있어서도 큰 역할을 차지할 것입니다.

52

알고리즘 스테이블코인의 위험성이란? 루나는 왜 실패했는가?
(ft. 1코인 대 1루나)

프로그래밍과 알고리즘 기술이 실패한 사례

2022년 5월, 한국인 권도형 씨가 만든 루나라는 코인이 코인 역사상 최대의 폭락을 기록하며 불과 1주일 사이에 150만 분의 1 토막(-99.99%) 나버리는 일이 발생합니다. 이로 인해 비트코인을 비롯한 주요 암호화폐들도 큰 폭락을 이어갔으며, 루나 사태의 여파는 수개월간 지속되었습니다. 루나 사태는 코인투자의 위험성과 변동성을 보여주는 대표적인 사건인데요, 루나 코인은 한 마디로 설명하면 프로그래밍과 알고리즘 기술이 실패한 사례입니다. 루나는 도대체 어떤 기술이 적용되었는지, 어떻게 해서 이런 일이 벌어졌는지를 살펴보겠습니다.

만약, 루나라고 하는 코인이 그냥 루나 코인 하나로만 존재했다면 이런 폭락은 일어나지 않았을 것입니다. 루나는 자체 메인넷도 론칭했고 메타버스 서비스도 론칭하는 등 코인 자체의 기술력은 인정받을 만한 것이었기 때문이죠. 문제는 루나는 그냥 루나 코인 하나로만 존재했던 것이 아니라 테라(UST)라고 하는 알고리즘 스테이블코인과 함께 존재했다는 것입니다.

테더(USDT)와 루나의 차이점

앞에서 테더의 경우 1코인을 발행하는 만큼 1달러를 은행에 예치하여 담보로 코인의 가격을 1달러로 맞춘다고 했죠? 그런데 루나와 같은 경우 테라라는 1달러 코인을 발행하면서 이것의 1달러 가치를 은행 담보로 확보하는 것이 아닌, 루나 코인으로 이를 담보했습니다. 루나 코인을 계속 사주는 사람들이 있으면, 루나 코인을 팔아 그것을 테라 코인과 매칭하여 1루나 대 1달러로 가격을 맞춘다는 계획이었죠. 반대로 테라를 1달러보다 비싸게 사는 사람들이 있으면 테라를 팔아 루나를 매수하여 루나 가격을 올린다는 구조였습니다. 즉, 자동으로 루나를 사고파는 알고리즘 코드로만 루나-테라(1달러) 구조가 작동하도록 만든 것입니다. 실제로 이 알고리즘은 2년 넘게 잘 작동이 되었으며 은행에 달러를 예치하는 담보를 잡지 않고도 1달러가 유지되는 구조를 설계했다고 하여 당시에는 프로그래머들에게 혁신으로 불렸습니다.

코인 뱅크런 사태 발발, 루나의 실패

그런데 뱅크런이 발생하면 은행이 망하게 되죠? 마찬가지로 테라도 2022년 5월, 2년 가까이 유지되어 오던 테라의 가격이 1달러가 아닌 0.7달러로 갑자기 내려가게 되면서 놀란 테라 보유자들이 계속해서 테라를 팔기 시작하는 사건이 벌어집니다. 그런데 프로그래밍 코드로 테라가 1달러가 되지 않으면 자동으로 루나를 팔아 1달러로 맞추도록 알고리즘이 설계되어 있던 것이 문제였습니다. 루나는 곧바로 이 프로그래밍 코드를 가동하여 하루 만에 100분의 1토막이 넘는 자동 알고리즘 매매로 루나를 암호화폐 거래소 시장에 매도하기 시작합니다. 이 과정에서 루나를 보유하고 있던 수많은 사람들이 손실을 입었음은 물론 결국에는 루나마저 휴지 조각이 되면서 테라를 보유하고 있던 사람들은 큰 손실을 입게 되었죠.

루나의 개발진들은 테라 가격을 1달러보다 올려 결론적으로 루나도 테라도 모두 성공시키기 위해 테라를 보유만 해도 20%의 연이율을 주는 고금리 상품을 운용했습니다. 그랬기 때문에 테라에 대한 수요가 높아져 1달러보다 테라를 높게 사는 사람들이 생겨났고, 이것이 루나 코인의 가격 상승에도 많이 기여했습니다.

그런데 1달러보다 높게 산 테라가 0.7달러가 되니 사람들이 놀라서 계속 던지게 되었고 프로그래밍 코드마저 잘못 설계되어 계속된 폭락이 이어지게 된 것입니다. 이는 암호화폐 시장에서 프로그래밍 코드를 잘 짜는 것이 얼마나 중요한지와 사람들의 심리가 투자 시장에 어떤 영향을 미치는지를 잘 보여주는 상징적인 사건입니다.

53

플랫폼 대신 개인에게 수익을 주는 Web3 기술 코인이란?
(ft. 에어드랍, P2E 게임, BAT, STEEM)

블록체인과 분산 컴퓨팅이 기반이 되어 작동하는 홈페이지

코인투자를 하기 위해서 반드시 알아야 하는 기술 중 하나는 Web3 기술입니다. 이 기술에 대해서 알아야 하는 이유는 요즘 투자 트렌드에서 Web3 기술을 활용한 에어드랍, P2E 게임 등이 많이 등장하고 있기 때문입니다. 사실 우리는 이 책에서 Web3 기술의 기반이 되는 기본 개념을 이미 살펴보았습니다. 바로 블록체인 기술과 분산 컴퓨팅 기술이죠. Web3란 이 기술들이 기반이 되어 작동하는 새로운 홈페이지를 의미합니다. 우리는 현재 Web2 세상에 살고 있습니다. 유튜브를 켜면 유튜브에 영상을 업로드할 수 있고 댓글도 달 수 있죠? 이렇게 플랫폼 기업에서 제공하는 단방향적인 정보만을 열람하는 것이 아니라, 사용자들이 플랫폼 기업에 직접적으로 어떤 정보를 업로드하며 작동하는 것이 바로 Web2 개념입니다. 한편 1990년대 후반에서 2000년대 초반까지만 해도 네이버나 구글 같은 플랫폼 기업에서 일방향적으로 생산하는 정보만 사람들이 열람할 수 있었죠. 이런 홈페이지를 Web1이라고 부릅니다.

플랫폼 기업보다 사용자가 수익을 더 많이 가져간다?

그렇다면 Web3는 어떤 개념일까요? 이 개념을 이해하기 위해서는 돈을 버는 주체자가 누구인지를 생각해보면 됩니다. 우리들이 아무리 네이버에 댓글을 쓰고 블로그를 적어도 광고를 운영하여 돈을 버는 주체는 네이버라는 플랫폼 기업입니다. 마찬가지로 유튜브도 우리들이 일부 수익을 받기는 하지만, 많은 광고 수익을 유튜브라는 플랫폼 기업이 가져갑니다. Web3는 사용자들이 만들어내는 이런 정보들의 수익을 플랫폼 기업이 아니라 온전하게 사용자들이 다 가져갈 수 있게 하겠다는 개념입니다. 즉, 수익에 대한 패러다임의 변화가 일어나는 것이죠.

Web3 적용 사례 1 - BAT 코인
Brave 브라우저 사용자에게 수익 배분

예를 들어, 빗썸에 상장되어 있는 베이직어탠션토큰(BAT)이라는 코인이 대표적인 Web3를 적용한 코인인데, 이 코인은 Brave라고 하는 웹 브라우저를 제공하고 있습니다. 즉 우리들이 쓰는 구글 크롬이나 인터넷 익스플로어와 같은 웹 브라우저를 Web3.0으로 만든 것이 이 코인의 목적입니다.

(출처 : Brave 웹 브라우저 홈페이지)

이 Brave 브라우저를 사용할 경우, 우리들이 웹상에서 광고를 봤을 때 그 광고 수익이 구글이나 네이버와 같은 플랫폼 기업에 배분되는 것이 아닌 인터넷 브라우저를 이용하는 개인들에게 배분되는 구조입니다. 즉, 광고를 통해 돈을 버는 수익자가 플랫폼 기업이 아니라 실제 인터넷을 이용하고 있는 개인이 되는 것이죠.

Web3 적용 사례 2 - STEEM 코인

이런 Web3 기술과 연관되어 있는 또 다른 코인은 업비트에 상장되어 있는 스팀(STEEM)이라는 코인입니다. 스팀은 블로그에 글을 쓰는 주체자는 개인들인데 왜 돈은 네이버와 다음과 같은 블로그 서비스를 운영하는 플랫폼 기업이 다 가져가느냐는 문제 의식에서 시작된 블로그 서비스입니다.

(출처 : 스티밋 사이트 https://steemit.com)

스티밋(steemit)이라는 사이트(https://steemit.com)에 접속해서 글을 쓰고 사람들에게 추천을 받으면 앞의 사진과 같이 100달러, 10달러 등 다양한 금액의 돈이 업비트에 상장되어 있는 스팀(STEEM)이라는 코인으로 지급됩니다. 사용자는 스티밋 사이트에서 블로그 형식으로 글을 적고 많은 사람들에게 양질의 정보를 제공한 뒤, 이에 대한 평가를 통해 추천을 받아 스팀 코인을 받고 이것을 업비트로 옮겨 판매하는 형식으로 작동하는 것이죠.

일상 속에서 퍼지는 Web3 기술 코인들

이렇듯 Web3 기술은 점점 일상에 파고들고 있으며, 게임 분야에서도 Web3 기술이 많이 적용되고 있습니다. 빗썸에 상장되어 있는 넷마블에서 개발한 마브렉스(MBX) 코인이나 위메이드에서 개발한 위믹스(WEMIX)라는 코인이 대표적인 Web3 게임 코인이죠. 이 또한 마찬가지로 기존의 게임은 이용자들이 아니라 게임 회사가 돈을 벌었던 반면에 Web3 게임은 실제로 게임을 플레이하는 이용자들이 수익자가 되어 돈을 버는 구조로 되어 있습니다. 그리고 이렇게 Web3 기술이 가능하도록 만들어주는 것이 바로 블록체인 기술과 분산 컴퓨팅 기술이죠.

앞으로 코인투자를 하면 할수록 Web3라는 용어에 대해서 많이 듣게 될 것입니다. 그때마다 '수익자가 기존의 플랫폼 기업에

서 개인으로 옮겨오는 것이 Web3'라는 정의를 기억하면 이해하
기 쉬울 겁니다.

셋째
마당

비트코인,
1세대 코인의 위엄

54

사토시 나카모토가 비트코인을 만든 이유?
(ft. 화폐의 타락)

최초의 암호화폐 창시자 사토시 나카모토

요즘 '비트코인' 이야기가 신문이나 뉴스에 나오지 않는 날이 하루도 없는 것 같습니다. 비트코인 가격이 올랐다거나 내렸다는 기사, 월급날마다 비트코인을 구매했더니 공무원 10년 차에 압구정 현대아파트를 살 정도로 돈을 모았다는 기사, 비트코인은 거품이라는 기사 등…. 실시간으로 확인할 수 있는 기사 제목만으로도 비트코인을 바라보는 우리 사회의 다양한 시선이 느껴집니다.

비트코인을 만든 사람은 사토시 나카모토로 알려져 있습니다. 언뜻 들었을 때 일본인인가 하는 생각이 드는 이름이고 1975년생이라는 설도 있습니다. 그러나 사토시는 오프라인에서 단 한 번도 모습을 드러낸 적이 없고 서양인이 동양인의 이름을 사용했다고 보는 견해도 있습니다. 실제 사토시가 남긴 글 중 일본에 대한 글이나 일본어로 작성된 글은 없으며, 비트코인 백서를 포함하여 사토시가 남긴 글은 모두 유창한 영어로 작성되어 있습니다. 특히 비트코인 백서에는 사토시가 본인을 'we'라고 지칭하고 있어 사토시가 개인의 이름이 아니라 한 집단의 명칭이라는 추측도 있습니다. 사토시는 2010년을 마지막으로 어떠한 활동도 하지 않아 여전히 베일에 싸인 인물입니다.

사토시가 비트코인 네트워크에 최초로 남긴 메시지

사토시는 2009년 1월 3일 제네시스 블록이라고 불리는 최초의 블록을 채굴하여 비트코인 네트워크를 시작했는데 다음과 같은 메시지를 남겼습니다.

The Times 03/Jan/2009 Chancellor on brink of second bailout for banks

2009년 1월 3일 더 타임스, 재무장관, 은행에 대한 2차 구제 금융 임박

제네시스 블록에 기록된 사토시의 메시지

그 내용은 글로벌 금융 위기로 도산 위기에 처한 은행을 살리기 위해, 영국 정부가 중앙은행을 통해 재정적으로 지원할 것이라는 기사입니다. 사토시가 암호화폐의 시작을 알리는 역사적인 제네시스 블록에 이런 기사 제목을 담은 이유는 무엇일까요.

서브프라임 모기지 사태, 모럴 해저드 극대화
금융기관 손실을 왜 국민의 세금으로 메울까?

2000년대 초중반 미국 시중 은행들은 경쟁적으로 많은 이익을 얻기 위해 고위험성 투자 상품을 출시했고, 저신용자에게도 쉽게 대출을 해주었습니다. 그러던 중 미국 부동산 시장이 폭락하면서 2007년경부터 서브프라임 모기지 사태, 글로벌 금융 위기를 맞이하게 됩니다. 이때 미국 정부는 은행의 연이은 파산을 막기 위해 구제 금융을 실시했는데 주요 금융기관인 AIG, 시티그룹, 뱅크오브아메리카에만 1조 달러에 이르는 금액을 지원한 것으로 알려져 있습니다. 당시 미국 시중 은행의 경우 정부나 국민의 잘못으로 손해를 본 것이 아니라 단순히 자신들의 이익을 위해 위험을 감수했던 것인데도 정부가 구제 금융을 통해 손실을 메워준 것에 대해 "수익은 사유화하고 손실은 사회화한다."라는 비판이 있었습니다.

서브프라임 사태 이후 월가에 대항하는 시위가 이어졌다. 시위 때 뿌려진 포스터.

구제 금융을 위해 중앙은행은 화폐를 무제한으로 발행 및 공급했고 그 결과 시중에 유통되는 화폐량이 증가했습니다. 화폐량 증가로 인해 기존에 화폐를 가지고 있는 사람들의 화폐 가치가 떨어지게 되었습니다. 예를 들어 기존에 1,000원이면 붕어빵 3개를 사 먹을 수 있었는데 화폐량이 증가함에 따라 화폐 가치가 떨어져서 어느 순간부터 붕어빵 2개밖에 못 사 먹게 된 것입니다.

화폐 가치 하락에 대응하기 위해 탄생한 비트코인

사토시는 정부의 일방적인 화폐 공급 정책에 따라 화폐 가치가 떨어지는 것에 대해 문제의식을 느껴 이를 비판하기 위해 영국 일간지 '더 타임스'의 기사 제목을 제네시스 블록에 담았던 것으로 보입니다.

중앙은행에서 무제한으로 발행하는 화폐와 달리 비트코인은 처음부터 총수량이 2,100만 개로 정해져 있습니다. 채굴에 성공할 때마다 얻을 수 있는 비트코인 개수도 정해져 있습니다. 이 수량은 누구도 임의로 조절하지 못합니다. 기존 화폐의 경우 국가나 중앙은행이 화폐의 발행권과 통제권을 가지고 있어 일방적인 통화 발행으로 통화 가치를 삭감시킬 수 있는데, 사토시가 만든 비트코인은 화폐 발행과 통제권을 누구에게도 주지 않음으로써 기존 화폐가 가지는 일방적인 가치 삭감 가능성을 배제했습니다.

이렇듯 비트코인은 각국 중앙은행의 무제한 화폐 발행에 대항하기 위해 만들어진 것입니다. 사토시는 소수의 사람들이 마음껏 돈을 찍어낼 수 있는 중앙화된 방식이 아닌 다수의 대중들과 시스템에 의해 통제되는 탈중앙화된 방식의 화폐를 만들고자 한 것이죠. 이를 구현하기 위해 나타난 것이 앞에서 살펴본 블록체인 기술입니다(블록체인 기술 내용은 124쪽 참고).

기존 화폐 vs 비트코인 차이

구분	기존 화폐	비트코인
발행 주체	중앙은행	모든 이
성격	중앙화	탈중앙화
발행 규모	발행 주체 마음대로	2,100만 개 한정
관리 감독	금융기관	블록체인 참가자
위조 여부 확인	가능	불가능

55

비트코인이 1등 코인이 된 원동력은?
(ft. 채굴 인센티브)

개인적 이득이 없다면 참여할 이유가 없다

사토시는 이렇게 분산화된 새로운 금융 시스템을 만들었지만 문제가 하나 있었습니다. 바로 대중들이 바보도 아니고 자기들의 소중한 컴퓨터를 왜 이런 새로운 금융 네트워크에 참여시키느냐는 것이었죠. 분산 컴퓨팅을 구현하기 위해서는 개인마다 CPU와 RAM 등 많은 컴퓨터 사양을 바쳐야 했습니다. 이렇게 분산 컴퓨팅 네트워크에 참여하는 것을 채굴이라고 부르는데, 이 채굴을 하는 동안에는 컴퓨터가 풀로드되어서 컴퓨터를 사용하지 못할뿐더러 전기요금도 많이 나오게 됩니다.

분산 컴퓨팅에 참여하는 채굴 시스템
채굴자에게 비트코인을 보상으로 주다

사토시는 여기서 경제학적인 동기부여를 생각합니다. 바로 이 채굴망(분산 컴퓨팅 네트워크망)에 참여한 사람들에게 비트코인이라는 것을 나눠주겠다는 아이디어를 낸 것이죠. 1시간에 100개의 비트코인이 채굴된다고 해봅시다. 만약에 100명이 참여를 한다면, 1시간마다 1명당 비트코인 1개를 가지고 가겠죠. 1,000명이면 0.1개, 1만 명이면 0.01개씩을 가져가는 것입니다. 이때, 분산 네트워크망이 잘 운영되기 위해서는 고성능의 컴퓨터가 필요했습니다. 그래서 실제로는 참여한 사람의 수에 맞게 분배하는 것이 아니라, 고성능의 컴퓨터(다시 말해 고성능의 채굴기)를 가지고 있는 사람에게 더 많이 분배하는 식으로 분산 컴퓨팅 기술을 구현했습니다.

전자화된 금융망에서 중요한 것은 무엇일까요? 성능이 좋은 거대한 슈퍼컴퓨터를 확보하는 것도 있겠지만 그다음으로 중요한 것은 '거래 장부'를 기록하는 것입니다. 내가 A은행에서 B은행으로 100만원을 송금했는데 A은행에선 -100만원의 기록이 잘 되었지만 B은행에서 +100만원의 기록이 되지 못하면 잘못된 디지털 거래니까요. 그래서 사토시가 다음으로 도입한 것이 이런 송금 내역을 기록할 수 있는 분산화된 거래장부 즉, 블록체인입니다. 왜 이름이 블록이고 체인이냐면 블록 1부터 시작해서 블록 수백만 개까지 모든 거래 장부가 담긴 블록이 체인처럼 연결되어 있기 때문이죠. 여러분이 책을 읽고 있는 현재도 10분마다 이 블록은 계속 늘어나고 있습니다.

56

개인도 비트코인 채굴에 참여할 수 있을까?
(ft. 해시레이트 높을수록 보상 UP)

개인과 단체 누구나 비트코인 채굴 가능

비트코인은 발행 및 통제하는 기관이 정해져 있지 않습니다. 대신 비트코인 채굴에 참여하는 개인이나 단체가 블록을 생성 및 공유하면 보상으로 정해진 수량의 비트코인을 받게 되는데 이 과정을 채굴(mining)이라고 합니다. 비트코인 채굴자가 블록 생성을 위해 암호학적 문제(해시 함수)를 풀고 비트코인을 얻어가는 과정이 광부가 자원을 캐는 과정과 비슷하다고 하여 붙여진 이름입니다. 가장 먼저 문제를 푸는 채굴자는 정해진 수량의 비트코인 외에도 비트코인 거래(트랜잭션)로 발생한 수수료도 함께 받게 됩니다. 중국 등 일부 국가에서는 환경 문제로 비트코인 채굴 자체가 불법이지만 국내에서는 관련 규정이 없어 아직은 제한 없이 이루어지고 있습니다.

채굴을 하려면 암호학적 문제 푸는 게 필수

비트코인을 채굴하기 위해서는 블록을 생성해야 하고, 블록을 생성하기 위해서는 암호학적 문제를 풀어야 합니다. 문제 난이도는 채굴에 참여하고 있는 채굴자의 수에 따라 주기적으로 조정되는데 이를 해시레이트라고 합니다. 해시레이트는 보안 및 안정성과도 관련이 있는데 해시레이트가 높을수록 코인의 보안과 안정성이 높아지게 됩니다.

비트코인 재단 사이트에서 지갑을 다운받으면 채굴 가능

이런 이야기를 듣다 보면 우리 집에 있는 컴퓨터로도 비트코인 분산 컴퓨팅 네트워크에 참여할 수 있는지 궁금할 겁니다. 물론 가능합니다. 백문이 불여일견이라고 직접 이 분산 컴퓨팅 네트워크에 참여해보는 것이 블록체인을 이해하는 데 가장 빠른 길이 될 수 있습니다. 네트워크에 참여하는 방법은 간단합니다. 비트코인 재단 사이트인 https://bitcoin.org/en/download에 접속해서 Bitcoin Core라는 Full Node 지갑을 다운받으면 됩니다.

비트코인 재단 사이트(https://bitcoin.org/en/download)에 들어가면 본인만의 지갑 주소를 받을 수 있다.

여기서 노드(Node)라는 것은 분산 컴퓨팅에 참여하는 컴퓨터 1대를 부르는 말입니다. 100노드면, 컴퓨터가 100대 참여 중이라는 뜻이고, 10,000노드면 컴퓨터가 1만 대 참여한다는 뜻이죠.

풀 노드라는 의미는 비트코인의 맨 처음 블록(Block Number : 1)부터 현재의 블록까지 블록체인 전체를 가지고 있다는 뜻입니다. 지금까지의 모든 비트코인 장부를 내 컴퓨터에 다운로드한다면 150GB 정도의 용량을 차지할 것입니다.

개인 컴퓨터 사양으로는 비트코인 받기 불가능

여기서 주의할 점은 사실상 집에 있는 컴퓨터 사양으로 채굴은 의미 없는 수준이라 비트코인은 못 받는다고 생각해야 합니다.

자신의 컴퓨터에 풀노드를 설치하면 본인만의 비트코인 지갑 주소를 받을 수 있게 됩니다. 거래소에 비트코인을 보관하는 것도 좋지만, 이렇게 자신의 컴퓨터에 비트코인을 보관하는 사람들도 많이 있습니다. 지갑 주소를 만들고 네트워크에 참여하는 것이 생각하는 것만큼 어렵지 않습니다. 이런 접근성이 비트코인이 인기를 얻게 된 하나의 요인입니다.

제임스 하웰 - 비트코인 8,000개를 버린 채굴자?

과거에는 가정집에서 CPU나 GPU를 통한 연산으로 비트코인을 채굴하기도 했습니다. 영국에서는 제임스 하웰이라는 사람이 2009년 집에서 노트북으로 비트코인 채굴을 시작하여 비트코인 8,000개가량을 보상으로 받았는데 이를 하드디스크에 보관하다가 실수로 버려 법적 분쟁까지 간 해프닝도 있었습니다.

현재는 채굴 난이도 상승과 전력 문제로 비트코인 전용 채굴기인 에이식(ASIC, Application Specific Integrated Circuit, 아식이라고도 부름)을 사용하는 것이 일반적인데 가격이 500만원에서 1,000만원 정도 사이에 형성되어 있습니다.

쿠팡에서 판매 중인 에이식 채굴기

57

비트코인은
왜 해킹당하지 않는가?

비트코인 해킹 No! 거래소 해킹 Yes!

요즘 코인이 해킹당했다는 뉴스가 심심치 않게 보도되고 있습니다. 그러나 이런 해킹은 블록체인망 자체가 해킹된 것이 아니라 암호화폐 거래소가 해킹당했거나 개인 지갑의 비밀번호와 보관해둔 백업용 키가 해킹당한 경우가 대부분입니다. 블록체인 기술은 태생적으로 해커가 침투하는 것이 불가능한 구조이기에 그렇습니다.

일요시사 · 5시간 전

'알고도?' **해킹 코인** 판매 후폭풍

이런 상황서 **해킹**된 **코인**이 거래소에 판매되는 일까지 발생했다. 블록체인은 정보를 기록하고 저장하는 탈중앙화 시스템이다. 일련의 순서로 연결된 데이터 단위(블록)로 구성된 기술로, 각 블록에는 이전 블록의 고유...

뉴스1 · 3일 전 · 네이버뉴스

[단독]"**해킹** 이력 있으면 상장 금지"...당국 **코인** 상장 기준 나온다

이들 **코인** 대부분은 **해킹** 원인을 제대로 파악하지 못해 닥사 소속 거래소에서 상장 폐지됐다. 갤럭시아만 '바이백'으로 피해를 복구해 고팍스에서 거래 지원을 유지했다. 앞으로는 이처럼 **해킹** 이력이 있는데 사고 원인...

(출처 : 네이버 비트코인 해킹 기사 검색 결과 화면)

전체 컴퓨터 51% 이상 검증해야 하는 구조

블록체인은 앞에서 분산 컴퓨팅 기술이라 설명했습니다. 홍길동이라는 해커가 있다고 가정해봅시다. 홍길동이 A은행을 해킹하려면 어떻게 하면 될까요? A은행이 가지고 있는 중앙화된 컴퓨터 하나만 노리면 될 것입니다. 은행들 또한 이런 문제점을 알기 때문에 해마다 큰 비용을 자신들의 중앙 컴퓨터 보안 유지에 사용합니다.

그러나 블록체인 기술로 구현된 비트코인 금융망은 다릅니다. 홍길동이 비트코인 100개를 해킹하고 싶다면 중앙화된 컴퓨터가 없는 블록체인 기술의 특성상, 비트코인 채굴에 참여하고 있는 (즉, 비트코인 네트워크에 자신들의 컴퓨터를 공급하고 있는) 수천, 수백만 대

의 컴퓨터를 해킹하는 방법밖에 없습니다. 비트코인에는 블록체인 검증 시스템이라는 것이 있습니다. 이것은 민주주의처럼 채굴에 참여하는 전체 컴퓨터의 51% 이상이 '검증되었다'는 신호를 보내야만 제대로 된 거래라고 판단하여 다음 블록에 해당 송금 내역을 기록하는 방식을 의미합니다.

양자 컴퓨터 기술이 개발되면 모를까…

예를 들어 해커가 비트코인 채굴 컴퓨터 1대를 해킹해서 '나에게 비트코인 100개가 있다는 송금 내역을 블록체인 장부에 만들어줘.'라는 조작을 했다고 해봅시다. 이런 해킹을 했다고 할지라도 블록체인 채굴 네트워크에 참여하고 있는 다른 수천만 대의 컴퓨터가 '이 컴퓨터 1대가 보내는 정보는 전체 채굴 컴퓨터의 51%가 안 되는 정보야. 즉, 이 정보는 가짜야.'라고 판단해 해당 거래를 없애버리게 됩니다. 즉 컴퓨터 몇 대만 해킹해서는 소용없고 10분이라는 블록이 생성되는 시간 안에 채굴에 참여하고 있는 엄청난 양의 컴퓨터를 모두 다 해킹해야 한다는 의미가 됩니다. 앞으로 언제 나올지도 모르는 양자 컴퓨터라는 기술이 개발되기 전까지 해킹은 꿈도 꾸지 못한다는 이야기가 되지요.

58

비트코인과 비트코인 캐시는 왜 다른가?

한 사람이 채굴량을 독점해버리면 생기는 일

암호화폐 거래소 앱에서 비트코인을 검색하면 여러 개가 뜹니다. 이 중에서 '비트코인'과 '비트코인 캐시'는 뭘까요? 이들은 왜 다른 걸까요?

앞에서 분산 컴퓨팅 시스템인 블록체인에서는 전체 컴퓨터의 51% 이상 검증해야 한다고 했습니다. 민주주의와 비슷한 51% 지분증명 방식에는 맹점이 하나 있습니다. 바로 소수의 한 사람이 전체 비트코인의 채굴량을 독점해버리면 비트코인 네트워크를 좌지우지할 수 있다는 것입니다. 앞에서도 살펴본 중국인 우지한이 창업한 BITMAIN이라는 회사는 오로지 비트코인을 채굴하기 위해 최적화된 ASIC이라는 컴퓨터를 만들어 이를 전 세계에 판매하며 자신들도 채굴을 했습니다. 그러다 2018년 비트코인의 전체 51% 채굴량을 위협하는 수준까지 성장했죠.

업비트에서 '비트코인'을 검색한 화면

우지한이 창업한 BITMAIN 회사 홈페이지(https://www.bitmain.com)

비트코인 채굴업자 우지한이 만든 비트코인 캐시 역풍을 맞다!

이런 문제가 발생하자 사토시 나카모토의 정신을 이어받은 다수의 비트코인 개발자들은 우지한이 만든 ASIC 컴퓨터의 특수 기능을 무력화하기 위한 프로그래밍 코드를 비트코인 네트워크에 삽입하려 했습니다. 우지한은 이에 반발하여 현재 빗썸과 업비트에 상장되어 있는 '비트코인 캐시'라는 코인을 직접 만들어 자신의 ASIC 컴퓨터들을 이 네트워크 운영을 위해 돌려버렸습니다. 그리고 비트코인을 가지고 있는 사람들에게 1대 1 비율로 이 비트코인 캐시(BCH)를 지급하여 새로운 비트코인 생태계를 만들려고 했죠. 결과적으로 이 반란은 실패하여 비트코인 네트워크는 더 단단해졌습니다. 비트코인 캐시는 여전히 규모가 큰 코인이지만, 전 세계 시가총액 1위를 차지하고 있는 비트코인을 위협하지는 못하고 있죠.

59

비트코인 사용설명서가 따로 있다?
- 비트코인 백서

영국 정부 보고서에서 유래한 백서

백서(white paper)의 사전적 의미는 정부가 정치, 외교, 경제 따위의 각 분야에 대하여 현상을 분석하고 미래를 전망하여 그 내용을 국민에게 알리기 위하여 만든 보고서입니다. 영국 정부가 국민들에게 알리기 위한 공식 보고서에서 기인하는데 표지가 백색이었기 때문에 '백서'라는 명칭이 붙게 되었다고 합니다.

코인 백서는 해당 코인에 대해 소개하고 앞으로 어떤 프로젝트를 할지 등에 대해 가이드를 제공하는 보고서라고 생각하면 됩니다. 최초의 암호화폐인 비트코인의 경우 9페이지 분량의 영문 백서를 만들었는데 한글 번역본도 확인할 수 있습니다.

비트코인: 개인간 전자화폐 시스템 (P2P Electronic Cash System)

Satoshi Nakamoto
satoshin@gmx.com
www.bitcoin.org

Translated in Korean from bitcoin.org/bitcoin.pdf
by Seungwon (Eugene) Jeong 정승원 – blockchainstudio.info

초록. 순수한 P2P(peer-to-peer) 방식의 전자화폐는 금융기관을 거치지 않고도 온라인 지불을 한 쪽에서 다른 쪽으로 직접 보낼 수 있게 해준다. 전자서명이 부분적 해결책을 제공하지만 만약 이중지불(double-spending) 문제를 방지하기 위해 신뢰할 수 있는 제 3 자를 필요로 한다면 주요 장점들이 사라지고 만다. 우리는 P2P 네트워크를 이용하여 이중지불 문제에 대한 해결책을 제시하려 한다. 이 네트워크는 거래(transaction)들을 해시(hash) 기반의 작업증명(proof-of-work) 체인(chain)에 해싱하여 타임스탬프(timestamp)를 찍어, 그 작업증명을 다시 하지 않고는 변경할 수 없는 기록을 만든다. 가장 긴 체인은 목격한 이벤트들의 순서에 대한 증명뿐만 아니라 그것이 가장 큰 컴퓨팅(CPU) 파워 풀에서

비트코인 백서 한글판(출처 : http://bit.ly/bitcoin_kr)

대부분 코인마다 백서 제공, 투자 전 필독!

코인 거래소 업비트의 투자자보호센터에서는 코인에 대한 정확한 정보 전달을 위해 코인 백서를 한글로 번역하는 작업을 진행하고 있습니다. 다양한 코인 백서 한글 번역본 작업이 완료되어 홈페이지에 올라와 있으니 이를 참고하면 좋습니다.

업비트 투자자보호센터에 올라와 있는 여러 코인 백서들

시간이 없을 경우 라이트 페이퍼 활용

다만 2세대 코인의 대표 주자인 이더리움 같은 경우 백서 분량
만 36페이지에 달하며 최근 새로 나오는 코인의 경우 추가되는
기능이 많아지고 기술적으로도 복잡해지다 보니 백서 분량이 점
점 늘어나는 추세여서 일반인 입장에서 이를 전부 다 보기 쉽지
않은 상황입니다. 최근에는 이러한 부분을 감안하여 코인을 만들
때 10페이지 이내 분량의 라이트 페이퍼(lite Paper)를 만들어 해당
코인에 관심 있는 사람들이 찾아보고 투자할 수 있도록 제공하고
있습니다. 백서나 라이트 페이퍼 외에도 대부분의 코인 거래소에
서는 코인에 대한 특징과 전망을 담은 내용의 보고서를 꾸준히 업
데이트하고 있으니 투자를 고려하고 있는 코인이 있다면 해당 내
용을 미리 읽어보기를 바랍니다.

60

비트코인 반감기?
채굴 보상용 코인이 줄어든다고?

채굴할 때 받는 비트코인이 절반으로 줄어드는 시기

'반감기'라는 단어에 대해서는 학창 시절 과학 시간에 한 번쯤 들어봤을 것입니다. 반감기(半減期)란 단어가 가진 의미 그대로 '어떤 양이 초기 값의 절반이 되는 데 걸리는 시간'을 뜻합니다. 원개념은 방사성 원소의 양이 초기 양의 반으로 줄어드는 데 필요한 시간을 나타내는 데 사용하는 단어였으나 현재는 과학이 아닌 다른 분야에서도 널리 쓰이고 있습니다. 대표적 사례로 코인에서는 1회 채굴할 때마다 보상으로 받게 되는 코인의 양이 절반으로 줄어드는 시기를 반감기라고 부르고 있습니다. 반감기가 있는 대표적인 코인으로는 비트코인, 비트코인 캐시, 라이트코인이 있습니다. 참고로 비트코인 캐시와 라이트코인 모두 비트코인에서 나온 것들입니다. 이걸 하드포크*되어 만들었다고 하는데, 자세한 내용은 321쪽에서 살펴보겠습니다.

4년 주기로 반감기 진행

사토시가 2009년 1월 3일 제네시스 블록을 생성했을 때만 해도 채굴에 대한 보상으로 50개의 비트코인을 받을 수 있었으나 반감기를 한 번 거칠 때마다 채굴에 대한 보상으로 받게 되는 비트코인 양이 절반으로 줄어들게 되었습니다.

첫 반감기 전에는 1회 채굴에 대한 보상으로 50개의 보상을 받았지만 첫 반감기 이후에는 1회 채굴에 대한 보상으로 25개의 보상만 받을 수 있었습니다. 비트코인은 21만 번 채굴이 이루어질 때마다 반감기가 오는데 1회 채굴에 걸리는 시간이 평균적으로 10분 14초 정도 소요되므로 이론상 약 4년 주기로 반감기가 오게 됩니다.

◆　**하드포크(Hard Fork)** : 기존 블록체인 프로토콜과 호환되지 않는 새로운 블록체인 프로토콜을 만들고 여기서 신규 암호화폐를 만드는 것을 말한다. 개발자들은 심각한 취약점을 발견하거나 새로운 기능을 추가 또는 개선할 때 하드포크를 시도한다.

61

반감기는 왜 비트코인 가격을 좌우하나?

2012년 첫 반감기
최저가 1달러 vs 최고가 1,200달러

비트코인의 첫 번째 반감기는 2012년 11월 28일에 있었고 채굴에 따른 보상이 비트코인 50개에서 25개로 감소했습니다. 두 번째 반감기 전까지 추가로 525만 개의 비트코인이 생성되어 총 1,575만 개의 비트코인이 생성되었습니다.

첫 번째 반감기 전후로 비트코인의 최저 가격은 약 1달러였고 (2010년 8월) 최고 가격은 약 1,200달러였습니다(2013년 11월). 이때만 해도 코인 시장이 본격적으로 형성되기 전이었고 제대로 된 거래소도 없어서 최저 가격과 최고 가격의 차이가 매우 큰 편이었습니다.

2016년 두 번째 반감기
업비트, 빗썸, 코빗, 고팍스, 코인원 등장

두 번째 반감기는 2016년 7월 9일에 있었고 채굴에 따른 보상이 비트코인 25개에서 12.5개로 감소했습니다. 세 번째 반감기 전까지 추가로 262.5만개의 비트코인이 생성되어 총 1837.5만개의 비트코인이 생성되었습니다.

두 번째 반감기 전후로 비트코인의 최저 가격은 약 196달러였고(2015년 8월) 최고 가격은 약 19,870달러였습니다(2017년 12월).

두 번째 반감기를 전후하여 코인 시장이 본격적으로 형성되기 시작했습니다. 우리나라에서도 비트코인으로 결제가 가능한 가맹점이 생기기 시작했고 언론매체에서도 코인을 본격적으로 다루기 시작했습니다. 국내 메이저 거래소인 업비트, 빗썸, 코빗, 고팍스, 코인원 모두 이 시기에 설립되었습니다.

두 번째 비트코인 반감기 때 우후죽순 생긴 암호화폐 거래소들

2020년 세 번째 반감기
전세계적으로 이슈가 많았던 시기

세 번째 반감기는 2020년 5월 11일에 있었고 채굴에 따른 보상이 비트코인 12.5개에서 6.25개로 감소했습니다. 네 번째 반감기 전까지 추가로 131.25만 개의 비트코인이 생성되어 총 1,968.75만 개의 비트코인이 생성되었는데 이는 발행 예정인 비트코인의 90% 이상에 해당합니다. 세 번째 반감기 전후로 비트코인의 최저가격은 약 3,122달러였고(2018년 12월) 최고 가격은 약 68,990달러였습니다(2021년 11월). 1달러당 환율을 1,300원으로 가정하여 계산해보면 우리나라 돈으로 최저가는 405만원, 최고가는 8,968만원이었던 것입니다. 비트코인이 생기고 난 후 10년이 지난 시점에서도 여전히 변동성이 매우 컸던 것을 알 수 있습니다.

이 시기에는 국내외적인 이슈가 굉장히 많기도 했습니다. 국내에서는 2018년 1월 법무부 장관이 직접 암호화폐 거래소 폐지 특별법을 만들어 암호화폐를 규제하겠다는 방안을 발표했습니다. 그러나 이는 해프닝이었고 정부가 거래소를 폐지할 생각이 없음을 밝혀 일단락되었으며 2018년 5월에는 대법원에서 판결로 비트코인의 재산상 가치를 인정하기도 했습니다. 범죄에 사용된 비트코인을 국가가 몰수하여 경매에 올려 국고로 환수할 수 있게 되었습니다.

해외에서는 중국이 코인 거래와 채굴을 금지하겠다고 하자 코인 시장이 순식간에 얼어붙었다가 미국 주식시장의 황태자였던 테슬라가 비트코인을 매수하고 있으며 향후 비트코인으로 차량 거래를 허용하겠다고 하자 시장이 다시 활기를 찾기도 했습니다.

2021년 5월 23일에는 하루 만에 주요 코인들 시세가 50% 가까이 폭락하는 일도 있었습니다. 이 날이 하필 부처님의 날이어서 우리나라에서 코인을 오래 한 사람들 사이에서는 이날의 하락을 '붓다밤'이라 부르며 해마다 5월이 오면 큰 하락장이 오는 것이 아닐까 노심초사하는 트라우마가 생기게 되었습니다.

2024년 네 번째 반감기
비트코인 90% 이상 채굴된 상태

비트코인의 4번째 반감기는 2024년 4월 말입니다. 이 책이 발간되었을 때에는 이미 반감기가 이루어졌을 것으로 보입니다.

Bitcoinsensus 사이트(https://www.bitcoinsensus.com/ko)에서 실시간으로 비트코인 반감기 예상 일정을 제공하고 있으니 참고하면 됩니다. 네 번째 반감기를 지나면 1회 채굴에 따른 보상이 6.25비트코인에서 3.125비트코인으로 감소하게 됩니다.

실시간 비트코인 반감기 카운트다운 사이트(https://www.bitcoinsensus.com/ko)

반감기 이후 1년은 가격 상승 추세

통계적으로 비트코인 가격은 반감기 1년 전부터 정체와 상승을 반복하고 반감기가 지나 공급량이 줄어들면 1년 정도 상승세가 유지된다고 알려져 있는데 이번에도 같은 패턴을 보일지 여부에 대해 많은 사람들이 주목을 하고 있습니다.

네 번째 반감기를 기준으로 지난 1년간 비트코인의 저가지점과 고가지점의 시세 변화를 비교해보면 과거 패턴이 반복하는지 여부가 좀 더 명확히 보입니다. 2023년 3월부터 9월까지는 가격이 횡보했으나 2023년 10월부터는 가격이 계속 상승하고 있는 것을 확인할 수 있습니다. 2024년 3월에는 2021년 최고가인 6만 8,990달러보다 높은 7만 3,831달러(당시 환율 기준 1억 500만원)의 최고가를 기록하기도 했습니다.

비트코인 반감기 시기 별 최저가와 최고가 추이

시기	최저가(단위 달러)	최고가(단위 달러)
2023년 3월	19,167	28,966
2023년 4월	26,990	30,920
2023년 5월	26,000	29,905
2023년 6월	24,809	31,180
2023년 7월	28,880	32,000
2023년 8월	25,400	29,931
2023년 9월	25,050	27,791
2023년 10월	26,561	35,047
2023년 11월	33,997	38,411
2023년 12월	37,635	44,803
2024년 1월	38,377	48,474
2024년 2월	41,797	64,124
2024년 3월	59,915	73,831

비트코인 채굴량이 바닥나면?
채굴자에게는 거래 수수료만 지급

비트코인은 앞으로 약 30회 정도의 반감기를 예정하고 있으며 마지막 반감기는 2140년에 있을 예정입니다. 이때를 기점으로 비트코인은 더 이상 추가 발행이 이루어지지 않을 것입니다. 다만 이는 비트코인 발행이 끝났다는 것을 의미할 뿐이지 비트코인의 수명 자체가 끝난다는 의미는 아닙니다. 비트코인 네트워크는 채굴자들이 있어야 유지가 되는데 현재는 채굴자들에게 반감기에 따라 정해진 비트코인 개수와 비트코인 거래로 인해 발생하는 수수료가 함께 보상으로 지급됩니다. 비트코인이 모두 발행되더라도 채굴자들에게는 비트코인 거래로 인해 발생하는 수수료가 여전히 보상으로 지급되므로 비트코인 네트워크는 계속 유지될 전망입니다.

북한도 비트코인 결제 가맹점이 있다고?

비트코인 결제 가맹점은 https://coinmap.org를 통해 확인할 수 있는데 2024년 3월 20일 기준, 전 세계 기준 3만 2,644개 가맹점이 있습니다. 특이한 것은 평양에도 비트코인 결제 가맹점이 무려 5곳이나 있다고 합니다. 가맹점이 있는 걸로 보아 북한에서도 비트코인 거래가 이루어지고 있는 것으로 보입니다.

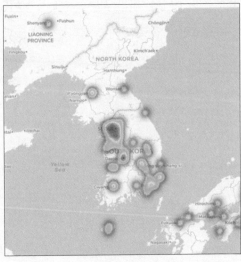

62

비트코인, 선물 ETF보다 현물 ETF가 주목을 끈 이유는?

비트코인 현물 ETF 승인의 2가지 의미

2024년 1월 10일 미국 증권거래위원회(SEC)가 비트코인 현물 ETF 상장 및 거래를 승인했다는 기사가 주요 뉴스로 소개되었습니다. 승인 전날에는 미국 증권거래위원회가 운영하는 SNS 계정이 해킹되고 가짜 뉴스까지 나오면서 시장의 기대감이 최고조에 이르렀습니다.

ETF란 Exchange Traded Fund의 약자로 특정 지수를 따라가는 펀드를 주식 시장에 상장시켜 거래소에서 직접 사고팔 수 있도록 한 펀드를 말합니다. 예를 들면 미국 나스닥 지수를 따라가는 ETF는 나스닥 지수가 1% 오르면 해당 ETF 수익률도 1% 오르고,

미국 증권거래위원회(SEC) 홈페이지(https://www.sec.gov)

삼성전자 주가를 따라가는 ETF는 삼성전자 주가가 1% 오르면 해당 ETF의 수익률도 1% 오르게 됩니다. 비트코인 현물 ETF의 경우 비트코인 가격이 1% 오르거나 떨어지면 해당 ETF 가격도 1% 오르거나 떨어지게 됩니다.

현물 ETF 승인 의미 1 - 투자사 자산 보유 필수

이번 비트코인 현물 ETF 승인은 두 가지 측면에서 의미가 있었는데 첫째는 '선물'이 아닌 '현물' ETF라는 점입니다.

비트코인 선물 ETF의 경우 미국 시장에서 2021년 승인되었습니다. 선물이란 파생상품의 한 종류인데 미래에 특정 기초 자산의 가격이 오르거나 떨어지는 것에 투자하는 상품으로 투자사는 직접 해당 기초 자산을 보유할 필요가 없습니다. 이에 비트코인 선물 ETF의 경우 실제로 비트코인을 소유하고 있을 필요가 없기 때문에 비트코인 가격에 간접적인 영향밖에 미치지 못했습니다. 그러나 비트코인 현물 ETF의 경우 투자사가 비트코인을 반드시 직접 보유하고 있어야 하기 때문에 비트코인 가격에 직접적인 영향을 미치게 될 것이라는 점에서 의미가 있습니다. 실제로도 승인이 이루어지고 나서 첫 거래일 만에 6조원의 자금이 유입되며 상승세를 타기 시작했고 2024년 3월 11일 국내 거래소에서 처음으로 비트코인 가격이 1억원을 돌파하게 되었습니다.

현물 ETF 승인 의미 2 - 미국 시장 승인

비트코인 현물 ETF 승인이 주는 두 번째 의미는 미국 시장에서 승인되었다는 점입니다.

비트코인 현물 ETF 승인은 미국에서 최초로 이루어진 것이 아닙니다. 유럽이나 캐나다 등에서는 이미 비트코인 현물 ETF가 승인되어 거래가 이루어지고 있었으며 국내 증권사에서 비트코인 현물 ETF 상품을 판매하기도 했습니다. 그러나 시장 규모 자체가 작았기 때문에 비트코인 가격에 미치는 영향이 크지 않았습니다. 반면 미국은 세계 1위 자산운용사인 블랙록을 비롯하여 천문학적인 액수의 자산을 운용하는 회사들이 다수 있으며 글로벌 ETF 일평균 거래대금의 80%가량이 미국 시장에서 거래되고 있어 시장 규모 측면에서 기존의 비트코인 현물 ETF 승인과 시장에 미치는 영향에 있어 현저히 차이가 있습니다. 이에 국내 금융위원회에서도 기존에는 비트코인 현물 ETF 상품 판매에 관하여 별다른 규제를 하지 않다가 미국 시장에서 비트코인 현물 ETF가 승인된 직후인 2024년 1월 12일 '국내 증권사가 해외 상장 비트코인 현물 ETF를 중개하는 것은 가상자산에 대한 정부의 입장 및 자본시장법에 위배될 소지가 있다.'는 유권 해석을 내렸으며 이와 같은 지침에 따라 종전까지는 거래가 가능했던 캐나다와 독일 비트코인 현물 ETF의 신규 매수가 모두 중단되는 사태가 발생하기도 했습니다.

63

비트코인 현물 ETF 승인,
왜 이렇게 오랜 시간이 걸렸을까?

2013년 미국 최초 비트코인 ETF 신청!

비트코인 발행은 2009년에 시작되었으며 미국 시장에서 비트코인 ETF 신청이 처음 이루어진 시기는 발행으로부터 4년 후인 2013년입니다. 2013년이면 아직 이더리움 개발이 시작되지도 않았을 정도로 코인 시장 초기에 해당했던 점에서 비트코인 ETF에 대한 첫 움직임이 굉장히 이른 시기부터 있었던 것을 알 수 있습니다.

미국에서 처음 비트코인 ETF 신청을 한 회사는 윙클보스 비트코인 트러스트(Winklevoss Bitcoin Trust)입니다. 윙클보스 비트코인 트러스트는 영화 〈소셜미디어 네트워크〉로 유명한 윙클보스 형제가 설립한 회사입니다. 윙클보스 형제는 페이스북 창업자인 마크 주커버그가 자신들의 아이디어를 도용했다는 것을 이유로 소송을 걸었고 그 대가로 3,000억원 가까운 페이스북 주식을 받게 되었습니다. 윙클보스 형제는 보상금 중 일부로 비트코인을 대량 구매했으며 비록 미완으로 그치게 되었으나 최초로 비트코인 ETF 신청을 하거나 거래소를 운영하는 등 코인이 초기에 자산 시장에서 자리 잡는 데 큰 역할을 했습니다.

2013년 7월 2일 블룸버그에서 윙클보스 형제의 비트코인 ETF 신청 관련 뉴스 영상
(출처 : 블룸버그 유튜브)

2021년 비트코인 선물 ETF 승인!

이후에도 미국 시장에서 비트코인 ETF 승인을 위한 신청이 이어졌으며 윙클보스 비트코인 트러스트의 첫 신청 이후 8년 뒤인

2021년 프로셰어즈(ProShares)가 신청한 비트코인 선물 ETF가 승인되어 2021년 10월 20일 뉴욕증권거래소에서 첫 거래를 시작하게 되었습니다. 그러나 비트코인 현물 ETF 신청에 대해서는 미국 증권거래위원회에서 미국 증권거래법 제6조(b)(5)항의 요건 중 「사기 및 조작 행위 및 관행 방지」, 「투자자와 공익을 보호하기 위해 설계」되어야 한다는 부분을 충족하지 못했다는 것을 이유로 승인을 계속 거부했습니다.

2024년 비트코인 현물 ETF 승인!

코인 전문 투자사인 그레이스케일은 비트코인 현물 ETF 신청을 주도했습니다. 그레이스케일은 미국 증권거래위원회의 ETF 승인 거부 결정에 대하여 미국 콜롬비아 연방항소법원에 소송을 제기했습니다. 항소법원에서는 2023년 8월 29일 그레이스케일이 사기 및 조작 행위 및 관행을 방지하고 투자자와 공익을 보호하기 위한 요건을 충족했고, 비트코인 선물 ETF와 현물 ETF의 사기 및 조작 가능성에 관하여 본질적인 차이가 없음에도 미국 증권거래위원회가 현물 ETF 승인을 거부한 것은 자의적이고 변덕스러운 결정이었다고 하면서 그레이스케일의 손을 들어주었습니다. 이후 항소법원의 판단에 따라 미국 증권거래위원회는 비트코인 현물 ETF에 대해 재심사를 하게 되었으며 증권거래위원회 자체 검증 결과에 따르더라도 사기 및 조작 행위에 관하여 비트코인 선물 ETF 승인과 현물 ETF 승인 사이에 본질적인 차이가 없다고 판단하면서 최종적으로 2024년 1월 10일 비트코인 현물 ETF를 승인하게 되었습니다.

64

비트코인 현물 ETF 승인으로
큰손이 들어올까?

코인 태동기는 시스템 미비로 거래량 미미

2009년 처음 비트코인이 발행되었을 때만 하더라도 코인 거래소가 없었기 때문에 일반인들은 비트코인을 구매하는 것조차 쉽지 않았습니다. 당시만 해도 블록체인 기술에 관심이 있는 소수 사람들 사이에서 개인 간 거래로 비트코인 매매가 이루어졌습니다.

이후 2012년경부터 코인 거래소가 생기게 되면서 일반인들도 거래소와 연동된 은행계좌만 있으면 쉽게 거래할 수 있게 되었습니다. 다만 전통적인 자산의 경우 금융 당국의 관리 감독이 철저히 이루어지기 때문에 사람들이 돈을 믿고 맡길 수 있었으나, 코인 거래소의 경우 한동안 취약한 보안으로 인해 거래소가 가지고 있던 코인이 해킹당하는 사례가 자주 발생했습니다. 또한 국부펀드, 연금기금 등 기관 투자자의 경우 회계 처리 문제나 계좌 연동의 어려움으로 인해 코인 거래소를 통해 직접 코인 구매를 하는 것이 사실상 불가능했습니다.

제도권 거래가 가능해지면서
기관도 비트코인 투자 저울질

그러나 비트코인 현물 ETF가 미국에서 승인되고 제도권 내에서 거래가 이루어지게 되면서 기관 입장에서 느끼던 보안 문제, 구매의 어려움 문제가 일거에 해소되었습니다. 이에 향후 기관이 투자 포트폴리오에 비트코인 현물 ETF를 포함시킬 유인이 크게 증가했습니다.

블록체인 분석업체인 체이널리시스의 대표 제프 빌링험은 미국 증권거래위원회의 승인 결정 직후 "비트코인 ETF 승인은 은행 자산 관리, 전문 투자자문사 등 다양한 유형의 기관 투자자들도 코인 시장에 참여할 수 있는 합법적이고 안전한 방법을 제공한다는 점에서 중요한 이정표가 될 것"이라고 이야기했고 스탠다드차타드(SC) 은행은 현물 ETF 승인 전날 "비트코인 현물 ETF가 승인될 경우 올 한해에만 비트코인에 최소 500억 달러에서 1,000억 달러의 기관 자금이 유입될 것"이라고 전망했습니다.

비트코인, 전 세계 시가총액 상위권 자산으로 성장!

비트코인 시가총액은 1,000억 달러를 훨씬 상회하면서 은을 뛰어넘었고 전 세계 주요 자산 중에서도 8위에 랭크되어 있습니다. 이번 비트코인 현물 ETF 승인을 계기로 기관 투자자 입장에서는 비트코인 투자를 포트폴리오에 넣을지 말지에 대해 진지하게 고민할 수밖에 없는 시간이 다가왔습니다. 비트코인을 포트폴리오에 반영하지 않는다면 비트코인의 상승세에 비추어 보았을 때 시장 수익률과 괴리가 발생할 가능성이 생길 수밖에 없기 때문입니다. 전 세계 주요 자산 중 비트코인보다 앞에 위치하고 있는 마이크로소프트, 애플, 앤비디아, 알파벳 등의 경우 기관 투자자 비중이 60% 정도로 개인 투자자보다 기관 투자자의 비중이 더 높습니다. 반면 비트코인은 현재까지 기관 투자자 비중이 20%도 되지 않아서 개인 투자자가 대부분의 거래를 주도하고 있는데 이번 현물 ETF 승인으로 기관 투자자 비중이 크게 상승할 것으로 예상하고 있습니다.

65

비트코인 현물 ETF 승인사 중 TOP3는?
(ft. 그레이스케일, 블랙록, 피델리티)

미국에서 비트코인 ETF 승인을 받은 11개 회사

미국에서 총 11개 회사가 비트코인 현물 ETF 승인을 받았으며 상품명, 회사명, 상장 거래소, 수탁사는 다음과 같습니다.

그레이스케일사	프랭클린사	해시덱스사
발키리	피델리티	위즈덤트리
반에크	인베스코, 갤럭시 디지털	블랙록
비트와이즈	아크인베스트-21셰어즈	

상품명	회사명	상장 거래소	수탁사
그레이스케일 비트코인 트러스트(GBTC) ❶	그레이스케일사	뉴욕증권거래소	코인베이스
프랭클린 비트코인 (ETFEZBC)	프랭클린사	시카고옵션거래소	코인베이스
해시덱스 비트코인 ETF (DEFI)	해시덱스사	뉴욕증권거래소	비트고
발키리 비트코인 펀드 (BRRR)	발키리	나스닥	코인베이스
피델리티 와이즈 오리진 비트코인 펀드(FBTC) ❸	피델리티	시카고옵션거래소	피델리티
위즈덤트리 비트코인 펀드(BTCW)	위즈덤트리	시카고옵션거래소	코인베이스
반에크 비트코인 트러스트(HODL)	반에크	시카고옵션거래소	제미니
인베스코 갤럭시 비트코인 ETF(BTCO)	인베스코, 갤럭시 디지털	시카고옵션거래소	코인베이스
아이셰어즈 비트코인 트러스트(IBIT) ❷	블랙록	나스닥	코인베이스
비트와이즈 비트코인 ETF(BITB)	비트와이즈	뉴욕증권거래소	코인베이스
아크 21셰어즈 비트코인 ETF(ARKB)	아크인베스트-21셰어즈	시카고옵션거래소	코인베이스

현물 ETF는 직접 비트코인을 보유해야 하는데 자산 운용사들의 현물 예치액이 크기 때문에 별도의 수탁사가 필요.

그레이스케일, 블랙록, 피델리티 삼파전으로 정리되는 상황

❶ 그레이스케일의 경우 미국 증권거래위원회의 비트코인 현물 ETF 승인 거부 결정에 대해 소송을 제기하여 승소하는 등 비트코인 현물 ETF 승인에서 가장 큰 역할을 했고, 200억 달러의 비트코인 현물 ETF를 운용하며 운용 규모 면에서 1위를 차지하고 있습니다.

비트코인 현물 ETF 승인 보도자료
(출처 : 그레이스케일 비트코인 - 트러스트 홈페이지)

❷ 블랙록은 운용하고 있는 자산이 10조 달러(한화로 1경 3,500조 원, 우리나라 20년 예산과 맞먹는 금액)가 넘는 명실상부한 세계 최대의 자산 운용사이고 ❸ 피델리티 역시 5조 달러라는 어마어마한 자산을 운용하는 세계 2위의 자산 운용사입니다.

블랙록이 운용하는 아이셰어즈 비트코인 트러스트(IBIT)와 피델리티가 운용하는 피델리티 와이즈 오리진 비트코인 펀드(FBTC)는 비트코인 현물 ETF 운용 규모면에서 2위와 3위를 차지하고 있습니다.

비트코인 현물 ETF의 경우 10개가 넘는 회사가 참여하면서 시장을 선점하기 위한 경쟁이 매우 치열했었고 6개월간 수수료를 받지 않겠다는 회사도 있었습니다. 그러나 결국 비트코인 현물 ETF 시장은 그레이스케일과 블랙록, 피델리티의 삼파전으로 정리되고 있는 상황입니다.

피델리티가 운용하는 피델리티
와이즈 오리진 비트코인 펀드
(FBTC)

블랙록이 운용하는 아이셰어즈
비트코인 트러스트(IBIT)

국내 증권사 앱의 해외 거래를 통해
비트코인 현물 ETF 매수 가능

66

비트코인 현물 ETF는
금 현물 ETF를 뛰어넘을까?

주요 자산별 시가총액 순위

비트코인을 부르는 또 다른 이름은 '디지털 금'입니다. 자산 시장에서 가지는 금의 상징적인 위치를 고려했을 때, 비트코인을 '디지털 금'이라고 부르는 데에는 향후 비트코인 현물 ETF 승인 이후 비트코인의 가격이 금의 가격을 넘볼 정도로 오를 것이라는 투자자들의 희망이 담겨 있습니다.

금은 현존하는 모든 자산 중 시가총액 면에서 압도적으로 1위를 차지하고 있습니다. 자산별 시가총액을 살펴보면 1위인 금이 14조 달러, 2위 마이크로소프트 3조 달러, 3위인 애플이 2조 달러이고, 비트코인과 은이 1조 4,000억 달러로 8~9위 정도의 자리를

주요 자산 시가총액

GOLD
14조 달러

MS
3조 달러

APPLE
2조 달러

비트코인
1조 4천억
달러

지키고 있습니다.

최초의 금 현물 ETF인 SPDR 골드셰어즈는 뉴욕 증권거래소에 2004년 11월 상장되었는데 당시 온스당 430달러 정도였던 금 가격이 불과 3년 만에 두 배로 상승했습니다. 이후 2011년경 3배가량 급등하며 1,800달러까지 상승했고 2024년 상반기 기준 2,000달러 선에서 거래가 이루어지고 있습니다. 금 현물 ETF인 SPDR 골드셰어즈(GLD)는 2004년 출시 3일 만에 10억 달러의 투자금이 몰렸고 현재 592억 달러 규모의 초대형 ETF로 성장했습니다. 미국 시장에서 거래되는 금 현물 ETF의 규모는 1,000억 달러 정도로 추정되고 있습니다. 그레이스케일이 운용하는 비트코인 현물 ETF에 200억 달러의 자금이 유입된 상황이고, 미국 시장에서 거래되고 있는 비트코인 현물 ETF의 규모가 500억 달러 정도이므로 비트코인 현물 ETF가 아직 금을 따라잡지는 못했지만 어느 정도 순항을 하고 있는 것으로 보입니다.

금 vs 비트코인 현물 ETF 향후 전망은?

금 현물 ETF와 비트코인 현물 ETF의 향후 전망에 대해서는 전문가들 사이에서도 의견이 분분합니다. 영국 대형은행 스탠다드차타드(SC)는 "현물 ETF 승인에 따라 비트코인도 금과 비슷한 정도의 가격 상승을 보일 것으로 예상하지만, 비트코인 시장의 발전 속도가 더 빠르다는 점을 고려하면 이보다 더 짧은 기간, 즉 1~2년 정도에 가격 상승이 실현될 것으로 본다."라고 하며 향후 1~2년 내 비트코인 시장이 빠르게 성장할 것이라고 전망했습니다. 반면 비트코인과 금은 시장 접근 차원에서 사정이 많이 다르다는 지적을 하며 비트코인의 상승이 계속되기는 어려울 것이라는 전망도 존재합니다. 그래나이트 셰어즈 CEO인 윌리엄 린드는 "최초의 금 ETF는 의심할 여지 없이 금을 투자 포트폴리오에 포함시킬 수 있게 해주었기 때문에 업계를 변화시켰다. 그러나 비트코인은 늘 디지털 투자 종목으로서, 예전의 금처럼 시장에 접근하는 데 어려움이 있었던 것은 아니기 때문에 결국 현물 비트코인 ETF 수요는 금 ETF 수요보다 적을 것"이라고 전망했습니다.

금은 인플레이션의 헷지 수단이면서 동시에 산업과 공예용으로도 사용하며 활용도가 매우 다양합니다. 또한 과거에는 금본위

제도라고 해서 미국을 비롯하여 여러 나라에서 자국 화폐와 금을 연동시켜서 사용할 정도로 그 위상이 높았습니다. 금 가격의 상승은 금 현물 ETF 승인 외에도 이러한 요소들도 함께 작용한 측면이 있습니다. 반면 비트코인의 경우 금과 비교해보았을 때 위상이나 활용성 면에서는 아직까지는 다소 부족한 부분이 있습니다. 그러나 비트코인의 경우 투자 자산으로써의 위치는 그 어느 자산보다 높다고 평가받고 있는 만큼 적어도 현물 ETF 승인이 가격 상승에 장기적으로 긍정적인 영향을 미칠 것은 분명해 보입니다.

67

홍콩의 비트코인 현물 ETF 승인,
다른 국가도?

별다른 코멘트가 없는 한국과 일본

국내에서는 비트코인 현물 ETF 승인에 관하여 금융위원회가 자본시장법에 위배될 소지가 있다며 부정적인 입장을 밝힌 상황이며 적어도 2024년 하반기 국회에서 코인과 관련한 논의가 본격적으로 이루어지기 전까지는 이러한 입장을 번복하지 않을 것이라고 했습니다.

일본의 경우 평소에도 코인 시장의 변동에 관하여 정부 차원에서 특별히 금지하거나 장려하고 있다는 의견을 밝힌 적이 없으며 이번 비트코인 현물 ETF 승인에 관하여서도 별다른 코멘트를 하지 않았습니다. 중국의 경우 2021년 자금세탁에 관한 우려 및 비트코인 채굴에 따른 환경 문제로 코인 거래를 금지하고 있으며 현재도 이러한 기조를 유지하고 있습니다.

아시아에서 가장 적극적인 홍콩, 비트코인 현물 ETF 승인!

반면 홍콩, 싱가포르, 호주 등의 나라에서는 미국 시장에서 비트코인 현물 ETF 승인에 큰 의미를 부여하고 있으며 향후 아시아 코인 시장의 허브로 발돋움하기 위해 비트코인 현물 ETF 승인에 대한 준비를 하고 있다고 밝혔습니다. 이 중 홍콩은 비트코인 현물 ETF를 승인하여 가장 주목받고 있습니다.

홍콩 금융 시장이 중요한 것은 홍콩과 중국의 금융 시장이 밀접하게 연결되어 있기 때문입니다. 중국과 홍콩은 2014년부터 강구퉁(중국이 홍콩 주식 시장에 투자할 수 있는 제도), 선강퉁(선전 주식 시장과 홍콩 주식 시장 간 교차 거래를 허용한 제도), 후강퉁(상하이 주식 시장과 홍콩 주식 시장 간 교차 거래를 허용한 제도)의 정책을 시행해왔습니다. 이를 통해 중국은 홍콩을 외국 자본 유입의 관문, 즉 테스트베드(Test Bed)로 활용해왔습니다.

홍콩의 아시아 최초 비트코인 현물 ETF 승인은 장기적으로 봤을 때 미국 비트코인 현물 ETF 승인에 이은 또다른 호재가 될 가능성이 높습니다. 미국 비트코인 현물 ETF가 미국 내 기관의 자금을 모은다면 홍콩 비트코인 현물 ETF는 중국을 포함한 아시아 지역 기관 자금을 흡수할 것이기 때문입니다. 나아가 홍콩 비트코인 현물 ETF 승인이 중국의 코인 관련 규제 정책에 변화를 가져올 수도 있을 것이라는 전망도 나오고 있습니다. 홍콩 비트코인 현물 ETF 승인 후 중국의 코인 관련 정책이 바뀌고 이후 중국 투자자들이 합법적으로 코인에 투자를 시작하게 된다면 이는 시장에 엄청난 변화를 가져오게 될 것입니다.

68

코스피 지수처럼 코인 지수가 있다?
(ft. 비트코인 도미년스)

코인 시장 대표 지수 - 비트코인 도미년스

주식을 거래해본 사람이라면 코스닥, 코스피 지수에 대해서 들어봤을 것입니다. 기준 시점과 현재 시점의 시가총액을 비교하여 주가지수를 산출하는 것인데 투자자는 이를 통해 주식 시장에서 거래되는 수많은 기업의 주가 변동 상황을 한눈에 알 수 있습니다. 해외 주가지수로는 일본 니케이 지수, 미국 나스닥 지수 등이 있습니다.

코인 시장에도 코인 가격 변동 상황을 한눈에 볼 수 있는 비슷한 지수가 있는데 '트레이딩뷰'에서 제공하는 '비트코인 도미년스'입니다. 비트코인 도미년스는 상위 125개 코인의 전체 시가총액

대비 비트코인이 차지하는 비율을 나타내는 것입니다.

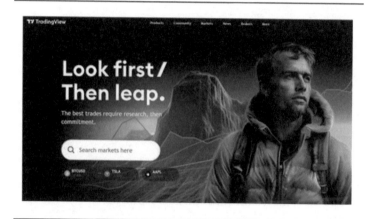

트레이딩뷰 홈페이지(https://kr.tradingview.com)에서 product → superchart를 선택하면 코인 등 여러 자산의 가격 변동 지수 확인 가능

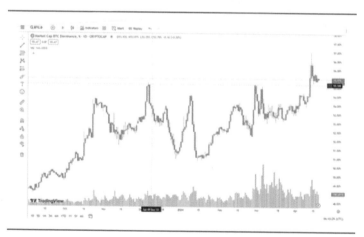

검색창에서 'BTC.D'를 입력하면 비트코인 도미넌스 차트를 볼 수 있다. 다른 암호화폐 차트를 보려면 '암호화폐 티커명.D'를 입력하면 된다.

비트코인 지수 > 메이저 알트코인 지수 > 알트코인 지수 시가총액 순서대로 가격 변동

코인 시장의 경우 비트코인 가격이 먼저 오르고, 이후 메이저 알트코인 가격이 오르고, 마지막으로 알트코인 가격이 오르는 순서이며 떨어질 때는 반대로 알트코인이 먼저 떨어지고, 메이저 알트코인이 떨어지고, 가장 마지막에 비트코인 가격이 떨어지게 됩니다.

비트코인 도미넌스는 이러한 시장의 흐름을 한눈에 볼 수 있게 해줍니다. 예를 들어 비트코인 도미넌스가 50%를 초과하는 경우에는 비트코인 가격은 충분히 올랐으나 아직 메이저 알트코인이나 알트코인 가격은 정체기에 있을 가능성이 있고, 비트코인 도미넌스가 50% 미만인 경우에는 메이저 알트코인과 알트코인 가격이 오를 가능성이 높아집니다.

트레이딩뷰에서는 비트코인뿐 아니라 알트코인들의 도미넌스도 확인할 수 있습니다. 투자 전에 해당 코인의 도미넌스 추세를 확인해보면 해당 코인이 시장에서 얼마나 많은 자금이 가고 있는지를 판단할 수 있습니다. 알트코인 도미넌스의 경우 추세 추종 투자를 할지 아니면 추세 전환 투자를 할지를 결정하는 보조 지표로 활용할 수 있습니다.

69

비트코인 시장을 움직이는 건 큰손인 고래 투자자?
(ft. 가상자산분석 사이트-센티멘트)

비트코인 1,000개 이상 보유자 '고래'로 명명

통계학에는 '파레토법칙'이라는 것이 있는데 상위 20%가 나머지 80%를 좌우한다는 내용입니다. 코인 시장에서도 자산을 집중적으로 소유하고 있는 기관이나 투자자들이 시장의 흐름을 좌우하는 모습을 볼 수 있으며 이에 이들의 일거수일투족이 관심의 대상이 됩니다. 비트코인 시장에서는 비트코인을 보유하고 있는 양에 따라 투자자를 달리 부르는데 1개 미만 소액 투자자는 새우, 1개 이상 10개 미만 보유자는 게, 10개 이상 50개 미만 보유자는 문어, 50개 이상 100개 미만 보유자는 물고기, 100개 이상 500개 미만 보유자는 돌고래, 500개 이상 1,000개 미만 보유자는 상어,

1,000개 이상 보유자는 고래라는 명칭이 붙여집니다.

고래들의 움직임은 매매 시 참고 자료

이들 중 특히 관심의 대상이 되는 것은 1,000개 이상 비트코인을 보유하고 있는 고래들입니다. 가상자산 분석 업체인 센티멘트(Santiment) 데이터에 따르면 2024년 3월 기준 비트코인 전체 공급량 중 25%를 2,140명의 고래가 보유하고 있습니다.

BitinfoCharts.com에서 제공하는 Richest Bitcoin Addresses 중 상위 10개의 지갑 내역. 해당 사이트에서는 비트코인 고래 지갑에서 비트코인이 나가고 들어오는 내역을 실시간으로 제공. 상위 10개 지갑 중 보유량 1, 2위 지갑은 거래소 연결 지갑. 위 사이트 외에도 Bitcoin Treasuries 사이트에서는 기관, 국가, ETF 자산운용사가 가지고 있는 비트코인 보유량에 관한 정보를 제공.

코인 가격은 다양한 요인에 의해 결정되는데 고래들의 거래 움직임 역시 가격에 큰 영향을 주는 요인 중 하나입니다. 이에 투자 시기를 결정할 때 고래들의 대규모 매도 매수 여부를 활용하면 향후 시장이 상승장일지 하락장일지를 예측하는 수단으로 활용할 수 있습니다.

70

비트코인 9월 하락 징크스, 올해도 반복될까?

비트코인 호재와 악재는?

2024년은 비트코인 현물 ETF 승인, 비트코인 반감기, 미국 금리 인하로 인한 통화 유통량 증가 등 비트코인 가격 상승에 호재로 여겨지는 이벤트들 덕분에 2024년 3월 비트코인 가격이 역대 최고가를 갱신하기도 했습니다.

그러나 4월 들어 이스라엘-이라크 전쟁, 금리 인하와 관련한 부정적 시그널이 연이어 나오면서 비트코인 가격은 다시 상승과 하락을 반복하고 있습니다. 비트코인 투자자들 사이에서는 매번 반감기 때마다 보여주었던 가격 상승 패턴이 2024년과 2025년에도 반복될 것인지에 대한 기대감이 고조되고 있으며 동시에 '비트코인

9월 하락 징크스'가 반복될지에 대한 이야기가 나오고 있습니다.

통상 비트코인 가격은 반감기를 거치면서 반감기 후 1년에서 1년 반 정도 상승장을 보여주고 이후 최고점을 찍은 후 1년에서 1년 반 정도 '크립토 윈터'라고 하는 장기 하락장을 겪는 사이클을 보여주고 있습니다. 그리고 이와 같은 장기적인 상승장이나 하락장과 관계없이 해마다 반복되는 사건이 있는데 바로 '비트코인 9월 하락 징크스'입니다.

왜 9월만 되면 평균 7%씩 떨어질까?

비트코인 9월 하락 징크스는 비트코인 투자자 사이에서는 거의 당연스레 받아들여지고 있는 사건으로 해마다 9월만 되면 비트코인 가격이 떨어지는 현상을 말합니다. 비트코인 거래가 시장에서 본격적으로 이뤄지던 2013년 처음 9월 하락장이 있었고 2017년 전까지는 규칙적인 현상은 아니었습니다. 그러나 2017년부터 2023년 사이 비트코인 가격은 매달 9월만 되면 지난달과 비교했을 때 평균 약 7% 정도 떨어지는 규칙성을 보여주고 있습니다. 코인글라스에 따르면 2017년에는 7%, 2018년 5%, 2019년 13%, 2020년 7%, 2021년 7%, 2022년 3%, 2023년 8% 하락을 기록했습니다.

투자자 심리가 9월 하락 징크스 촉발

처음에는 비트코인 9월 하락 징크스에 관하여 9월에 한동안 정치·경제적인 이슈가 많이 있어서 그런 것이 아닌가 하는 분석이 있었으나 매번 9월에 정치·경제 이슈가 생겼던 것은 아니었다 보니 지금은 투자자들의 심리적인 요인이 9월 하락 징크스의 가장 큰 이유로 꼽히고 있습니다. 특정 달에만 유독 거래량이 줄어들거나 가격이 하락장에 있는 현상은 코인에만 있는 것은 아니고 주식 시장에서도 '9월은 투자하기 가장 위험한 달이다.'라는 격언이 있기도 합니다.

다만 9월 하락장 이후 10월에는 상승장인 경우가 많이 있었고 이에 10월과 가격 상승이라는 의미를 결합하여 '업터보(Up+October)'라는 용어가 생기기도 했습니다. 2024년은 비트코인 상승장을 이어갈 만한 여러 호재가 있는 만큼 징크스가 계속될지가 주목됩니다.

71

비트코인 14만 개가 한꺼번에 풀린다면?
(ft. 마운트곡스 거래소 파산)

일본 코인 거래소 마운트곡스의 비트코인 도난 사건

마운트곡스(Mt. Gox)는 2010년에 일본에서 설립된 1세대 코인 거래소입니다. 2013년경 마운트곡스는 전 세계 비트코인 거래량 절반 이상이 이루어지는 거래소였고 이용자 수도 100만 명이나 되었습니다. 그러나 마운트곡스는 거래소가 보유하고 있는 코인의 보안에 크게 신경을 쓰지 않는 나태한 운영을 거듭하다가 2013년 고객 코인 75만 개, 자사 보유 코인 10만 개를 도난당하면서 2014년 결국 파산 절차를 밟게 되었습니다. 2014년 기준 비트코인 총 발행량이 1,200만 개 정도였고 유통량은 그 절반 수준에 그칠 때였던 만큼 비트코인 85만 개가 한 번에 사라진 것은 시장에 굉장히 큰 충격을 주었습니다.

마운트곡스는 원래 게임 카드 거래를 중개하던 회사였습니다. 기존 사업을 운영하다가 사업 다각화를 하는 과정에서 우연히 비트코인 거래소를 운영하다 보니 보안 문제에 있어서 취약점을 드러낼 수밖에 없었습니다. 마운트곡스는 도난 사실에 대해서 처음부터 알리지 않았으며 언론에서 먼저 도난 사실이 알려지자 거래소 자체의 문제가 아니라 비트코인 자체의 문제로 해킹이 발생했다고 주장했습니다. 그러나 일본 당국의 조사 결과 마운트곡스가 보안을 소홀히 한 결과 지갑에 있는 코인을 도난당한 것으로 밝혀졌습니다.

10년 후 피해자들에게 비트코인으로 배상 결론

마운트곡스는 우여곡절 끝에 도난당한 비트코인 일부를 회수했다고 밝히면서 피해자들에게 도난 당시 비트코인의 가치를 기준으로 채무를 상환하겠다는 입장을 밝혔습니다. 도난 당시로부터 10년이 지나 비트코인 가격이 100배 이상 오른 상태였기 때문에 피해자들은 비트코인 자체로 피해를 배상하라고 주장했고 결국 여러 차례 협상 끝에 2024년 10월 31일까지 비트코인 자체로 배상하는 것으로 결론이 내려졌습니다. 마운트곡스가 피해자들에게 배상할 비트코인은 14만 개로 알려졌는데 이는 비트코인

1년 채굴량인 16만 개와 맞먹는 양입니다.

유통량에 따른 단기 가격 주목

　마운트곡스가 비트코인을 피해자들에게 지급하게 될 경우 피해자들이 수익 실현을 위해 시장에 물량을 유통하게 될 것이라는 점에서 비트코인 가격이 급격히 떨어지는 것이 아니냐고 하는 우려도 나오고 있습니다. 코인 분석업체 K33은 '13조원 규모의 마운트곡스 상환 물량은 비트코인 가격에 부정적 압력을 가할 수 있다. 해당 물량이 반드시 매도 압력으로 이어지지 않더라도 시장을 놀라게 하는 데는 충분할 것'이라고 하며 비트코인 가격 하락에 영향을 미칠 것으로 진단했습니다.

　비트코인 코인 현물 ETF 승인 이후 비트코인 가격이 장기적으로 상승할 것이라는 시장의 기대가 있는 만큼 단기간에 마운트곡스의 물량이 전부 시장에 유통될 가능성은 크지 않겠지만 적어도 14만 개의 비트코인 공급은 코인 투자자들의 심리를 소극적으로 만들 유인이 될 것으로 보입니다.

넷째
마당

알트코인 투자는
메이저부터!
(ft. 이더리움부터 3세대 코인까지)

72

1세대 코인은 비트코인,
나머지 코인은 알트코인?

알트코인 - 비트코인의 단점을 보완하려는 코인

비트코인은 코인의 시작을 알렸으며 1세대 코인으로 살아남았습니다. 그러나 1세대의 경우 늘 최초라는 상징성이 있는 반면에 여러 가지 보완할 부분들 역시 있기 마련입니다. 이에 비트코인이 가지는 단점을 보완하거나 장점을 강화한 코인들이 나오기 시작했는데 이를 '알트코인'이라고 합니다. 알트코인이라는 이름의 유래도 비트코인을 alternative(대체)하겠다는 의미에서 알트코인이라 부르게 된 것입니다. 알트코인의 대표 주자인 이더리움의 경우 스마트 컨트랙트 기능, 리플의 경우 금융기관 간의 신속한 거래 기능을 주목적으로 개발했습니다.

비트코인 이외의 모든 코인은 알트코인이 되는 것이고 알트코인 중에서도 시가총액이 1조 원 이상이면서 비교적 역사가 오래된 이더리움이나 리플 등에 대해서는 다른 알트코인과 구별하여 메이저 알트코인이라고 부르기도 합니다.

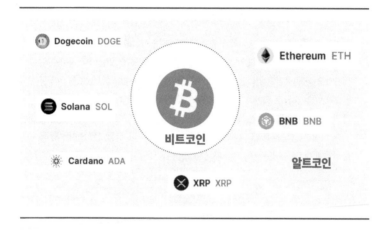

알트코인 시가총액 Top3

1위 이더리움
(시가총액 500조원)

2위 솔라나
(시가총액 100조원)

3위 리플(시가총액 45조원)

2024년 3월 기준 비트코인의 시가총액은 1,700조원이고 이더리움 500조원, 다음으로 시가총액이 높은 알트코인인 솔라나는 100조원, 리플의 경우 45조원 정도입니다.

코인 시가총액 순위를 알고 싶다면? - 코인마켓캡

앞에서 코인마켓캡에 가면 거래소 순위를 매겨놓아 선택하기 용이하다고 했습니다. 코인마켓캡은 암호화폐의 시가총액과 순위도 확인할 수 있습니다. 여러분이 투자하고 싶은 코인이 있다면, 먼저 이 사이트에 접속해 대략적인 정보를 파악할 필요가 있습니다. 그 코인이 현재 시가총액 몇 위에 있는지, 창업자와 초기 투자자가 가지고 있는 코인 개수는 몇 개이며, 일반 투자자들이 가지고 있는 개수는 몇 개인지, 아직 시장에 유통되지 않는 락업◆ 코인은 얼마이며, 유통량은 얼마인지 등을 파악할 수 있기 때문이죠. 코인 투자자라면 반드시 알아야 할 사이트입니다.

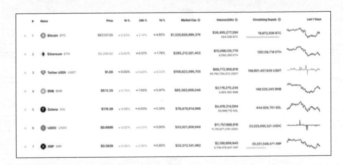

코인마켓캡 사이트(https://coinmarketcap.com)

◆ **락업(Lock up)** : 주식 상장 후 일정 기간 동안 주식 매매를 금지하는 것을 말한다. 보호예수제도라고도 불리는데 상장 전 투자자들의 물량이 급격히 매물로 나오는 것을 방지하는 것이다. 코인 시장에서도 비슷하게 운영된다.

73

알트코인 최강자, 이더리움 창시자는?
(ft. 비탈릭 부테린)

21살에 이더리움을 만든 비탈릭 부테린

2009년 비트코인이 세상에 이름을 알린 이후 여러 알트코인이 시장에 나오게 되었습니다. 이 중 대다수는 소리 소문 없이 사라졌으나 일부는 아직까지 남아서 코인 시장의 성장을 견인하고 있습니다. 2011년 비트코인을 기반으로 한 라이트코인이 생겼고, 2012년에는 리플이 생겼으며, 2013년에는 라이트코인을 기반으로 도지코인이 생겼습니다. 알트코인의 대장이라 불리는 이더리움의 경우 이보다 한참 뒤인 2015년에 등장했습니다.

실제 개발자가 누구인지 베일에 싸인 비트코인과 달리 이더리움의 개발자는 널리 알려져 있습니다. 이더리움은 비탈릭 부테린이라는 러시아 출신의 천재적인 개발자에 의해 탄생했으며 이더리움이 나온 2015년 당시 부테린의 나이는 겨우 21살에 불과했습니다. 고등학교 시절인 2011년부터 비트코인 매거진을 운영했고 2012년부터 이더리움에 대한 아이디어를 구상했습니다.

서울에서 열린 '비들 아시아 2024 컨퍼런스'에 참가한 비탈릭 부테린. 암호화폐의 미래에 대한 강연 영상(출처 : Kryptoplanet 유튜브)

이더리움은 대체 화폐보다 블록체인 활성화를 지향

사토시의 경우 비트코인을 만들면서 미래에 코인이 화폐를 대체할 가능성에 초점을 두었으나 비탈릭 부테린의 경우 이더리움을 만들면서 이더리움이 대체 화폐가 되는 것보다는 향후 기업, 인터넷, 블록체인 환경과 관련한 생태계 구축에 기여하는 것에 좀더 초점을 두었습니다. 이에 실제로 현재 진행 중인 블록체인 프

로젝트의 상당수가 이더리움을 기반으로 이루어지고 있으며 이
러한 차이점 때문에 비트코인을 1세대 코인, 이더리움을 2세대
코인이라 부르기도 합니다.

74

이더리움이 '지분증명'으로 바꾼 까닭은?
(ft. 플랫폼 코인 & 솔리디티 언어)

처음엔 비트코인처럼 작업증명 방식으로 시작

앞에서도 살펴봤듯이 이더리움은 비트코인처럼 채굴하면 이더리움을 보상으로 주는 작업증명 방식을 채택했으나 이후 업데이트를 거듭하면서 2022년 9월 15일 지분증명 방식으로 완전히 바꾸게 되었습니다. 작업증명 방식의 경우 블록체인 생성 작업에 참여하여 블록체인 생성에 성공한 사람에게 작업의 대가로 코인을 주는 것이고, 지분증명 방식의 경우 지분 보유자 중 한 명에게 무작위로 검증 작업을 맡긴 후 그 보상으로 코인을 주는 것입니다.

이더리움이 작업증명 방식에서 지분증명 방식으로 바꾼 이유는 비트코인의 작업증명 방식이 전기를 많이 써서 환경오염을 유발한다는 비판이 컸습니다. 비탈릭 부테린은 장기적으로 보안성, 효율, 에너지 측면에서 지분증명 방식이 더 훌륭하다고 생각했습니다. 이와 관련하여 비탈릭 부테린이 2022년 쓴 《Proof of Stake》라는 책이 우리나라에도 《비탈릭 부테린의 지분증명》이란 제목으로 출판되었으니 이더리움 투자에 관심이 있다면 읽어보기를 추천합니다.

비트코인 시가총액을 바짝 뒤쫓는 이더리움

2024년 3월 기준 이더리움의 시가총액은 500조원이 넘습니다. 이더리움이 세상에 나온 지 9년밖에 되지 않았다는 것을 고려해보았을 때 굉장히 빠른 성장세입니다. 비트코인의 경우 2009년 처음 채굴되었고 이로부터 9년 뒤인 2018년경 시가총액이 300조원 수준에서 머물렀던 것과 비교해보았을 때, 향후 이더리움이 비트코인을 뛰어넘을 잠재력이 있다고 하는 평가가 희망 사항에 불과한 것이 아님을 알 수 있습니다.

이더리움은 플랫폼 코인, 솔리디티 언어 사용

비트코인과 달리 이더리움은 플랫폼 코인이며 솔리디티라는 프로그래밍 언어를 씁니다.

여기서 잠깐, 플랫폼 코인이란 무엇일까요? 플랫폼의 사전적 의미는 'plat(구획된)' 'form(형태)'란 뜻이고 일상생활에서는 전국 어디든 갈 수 있는 기차를 타고 내리는 곳을 떠올리게 됩니다. 하지만 IT에서 플랫폼이란 말은 특정 장치나 시스템에서 이를 구성하는 기초가 되는 틀거리(MS의 OS인 Windos)나 다양한 참여자들을 연결시키는 비즈니스를 말합니다(예 : 네이버, 쿠팡, 토스 등).

비트코인은 블록체인 기술을 거래와 관련된 정보만 저장해놓기 위해 사용합니다. 하지만 이더리움과 같은 플랫폼 코인은 블록체인 기술을 200% 활용합니다. 거래와 관련된 정보 저장뿐만 아니라 다양한 분산 응용 어플리케이션을 개발할 수 있기 때문입니다.

솔리디티 언어의 특장점 - 스마트 컨트랙트 가능

이더리움이 사용하는 솔리디티 언어의 특징 중 하나는 자동화된 계약인 스마트 컨트랙트를 사용할 수 있다는 것입니다. 우리들이 일상생활에서 계약할 때를 떠올려봅시다. 직접 계약서를 작성하거나, 이것이 못 미더우면 변호사를 찾아가 계약서에 공증을 받습니다. 하지만 이렇게 계약서를 작성했음에도 상대방이 약속을 이행하지 않거나 거래를 지키지 않는 등의 상황이 심심치 않게 발생합니다. 암호화폐 세계에서도 단순한 구두 약속이나 서면의 계약만 이루어진다면 이런 일이 벌어질 것입니다. 스마트 컨트랙트는 개발자들이 일반 투자자들에게 사기 행위를 벌이는 등의 부작용을 막기 위해 탄생했습니다. 솔리디티라는 프로그래밍 언어 안에 코드를 심어놓아 A라는 조건식이 달성되면 B라는 행위가 계약 조건에 따라 자동으로 실행되도록 만든 것이죠.

예를 들어, 사람들끼리 이더리움을 가지고 경매를 하는 시스템이 있다고 합시다. 일반적인 경매라면 경매를 주최하는 사람이 특정 사람의 편의를 봐줄 수도 있고, 경매 참여자들끼리 담합하여 가격을 올리는 등의 부정행위를 할 수도 있을 것입니다. 분명 경매장에 참여할 때의 계약에는 이런 부정행위를 하지 말라는 조항이 있겠지만, 주최자나 힘이 센 참여자들이 마음먹고 부정행위를 하면 일반인으로서는 막을 방법이 없지요.

그러나 스마트 컨트랙트를 사용하면 다릅니다. 이런 부작용을 막기 위해 경매를 주최하는 사람이 따로 없고 오로지 프로그래밍 코드로만 경매가 진행되도록 만드는 것입니다. 그래서 가장 높은 가격을 제시한 사람에게 자동으로 해당 물건이 넘어가도록 만들며, 비슷한 IP 주소에서 비슷한 가격으로 담합을 하거나 하면 자동으로 참여에서 배제하도록 코드를 짜놓는 것입니다.

해당 아이디어에 대해 스마트 컨트랙트로 만들어진 코드를 직접 보고 싶다면, 솔리디티 프로그래밍을 인터넷에서 직접 할 수 있는 사이트 https://ethfiddle.com에 접속해보면 됩니다. 다음

사진과 같이 누구나 열람할 수 있도록 프로그래밍 코드가 공개되어 있습니다.

```
pragma solidity >=0.4.22 <0.7.0;

contract SimpleAuction {
    address payable public beneficiary;
    uint public auctionEndTime;

    address public highestBidder;
    uint public highestBid;

    mapping(address => uint) pendingReturns;

    bool ended;

    event HighestBidIncreased(address bidder, uint amount);
    event AuctionEnded(address winner, uint amount);

    constructor(
        uint _biddingTime,
        address payable _beneficiary
    ) public {
        beneficiary = _beneficiary;
        auctionEndTime = now + _biddingTime;
    }

    function bid() public payable {
        require(
```

이더리움 프로그래밍 언어인 솔리디티는 스마트 컨트랙트를 구현한다. 프로그래밍 코드도 공개되어 있다.(출처 : https://ethfiddle.com)

75

스마트 컨트랙트 덕분에
탈중앙화 암호화폐 거래소 등장?
(ft. CEX 거래소 vs DEX 거래소)

중앙화된 암호화폐 거래소(CEX) - 업비트와 빗썸

스마트 컨트랙트 기술이 가장 실용적으로 꽃피고 있는 분야는 현금으로 코인을 거래하는 암호화폐 거래소입니다. 이를 위해서는 먼저 DEX 거래소와 CEX 거래소라는 개념에 대해 알아야 합니다.

CEX는 Centralized Exchange의 약자로 중앙화된 암호화폐 거래소를 의미합니다. 예를 들어, 우리들이 자주 쓰는 업비트와 빗썸 거래소가 있죠. 이런 거래소는 접근이 편리하다는 장점이 있지만 그만큼 단점도 있습니다. 코인에 대한 유통이나 상장을 자신들 단독으로 수행하기 때문에 상장과 관련된 내부자 정보 유출의 논란이 있거나 중앙화된 서버가 해킹된다든지, 고객 자금이 유용되거나 횡령될 수 있는 구조적 문제점을 가진다는 것입니다. A라는 사람과 B라는 사람이 한쪽은 이더리움을 사고 한쪽은 이 더리움을 판매하려고 하는데 가운데에 암호화폐 거래를 중개하는 중앙화된 중개자가 있는 모양새라 필연적으로 문제를 가질 수 밖에 없는 구조입니다.

탈중앙화된 암호화폐 거래소(DEX) - 스마트 컨트랙트 기술 활용

DEX는 이와 반대되는 개념으로 Decentralized Exchange 즉 탈중앙화된 암호화폐 거래소를 의미합니다. 이는 암호화폐 거래를 중개하는 가운데의 중개자가 애초에 존재하지도 않는 구조입니다. 즉 A라는 사람이 이더리움을 사고 B라는 사람이 이더리움을 팔려고 할 때, 중개인을 통하지 않고 직거래로 거래가 가능한 구조라고 생각하면 되겠습니다. 일반적인 직거래라면, 구매자나 판매자 한쪽이 사기를 치겠다는 마음을 먹으면 이를 막기가 쉽지 않습니다. 하지만 DEX는 스마트 컨트랙트 기술을 이용해서 이런 사기 행위를 원천적으로 봉쇄합니다. 사람 간 직접 오고 가는 거래가 아니라 오로지 프로그래밍 코드로만 기계처럼 거래하도록 설계해놓았기 때문입니다. 대표적인 DEX 거래소는 UniSwap,

SushiSwap, PancakdeSwap이 있습니다. 이런 거래소는 앞에서 살펴본 스테이블코인인 테더(USDT)로 거래를 하기도 하지만, 이더리움 10개와 비트코인 1개를 교환하는 것처럼 물물교환을 하기도 합니다.

DEX 거래소 이용 시 슬리피지 주의!

직거래다 보니 이 과정에서 누군가는 조금 더 이득을 보고, 누군가는 조금 더 손해를 보기도 하는데 이를 슬리피지라고 부릅니다. 따라서 DEX 거래소를 이용할 때는 이런 슬리피지 손해를 입지 않도록 조심할 필요가 있습니다.

76

이더리움 대폭락을 부른
DAO 해킹 사건이란?
(ft. 이더리움 클래식)

코인을 담보로 코인을 만든다?
이더리움 코인이 만든 DAO 코인

이더리움은 스마트 컨트랙트 기술을 블록체인에 도입하고, 코인으로 코인을 만든다는 혁명적인 개념을 제시했지만 성장 과정에서 부침이 없었던 것은 아닙니다. 현재 빗썸과 업비트에 상장되어 있는 '이더리움 클래식'이라는 코인은 이더리움의 성장 과정에서 생겨난 아픔의 역사를 보여주는 사례입니다.

2016년 The DAO(Decentralized Autonomous Organization)라고 하는 토큰이 이더리움 코인 내에서 탄생했는데 이 토큰의 설계는 다음과 같았습니다. 수만 명이 모여 펀드를 조성했는데 이 펀드에서 여러 프로젝트에 투자를 하고 싶다고 합시다. 보통은 발언이 강한 사람이나 소수의 의사결정자들이 독재와 같은 방식으로 어디에 투자를 할지를 결정하고는 합니다. 그러나 DAO는 이런 소수의 의사결정자들이 투자처를 결정하는 것에 반기를 들고, 모든 투자를 오로지 민주주의 절차에 의해서만 해야 한다는 기치 아래 투표로만 투자를 집행하도록 설계합니다. 그래서 이름을 D(탈중앙화, Decentralized), A(자발적인, Autonomous), O(조직, Organization) 즉, DAO라고 붙인 것이죠.

스마트 컨트랙트 프로그래밍 설계 오류 발생

이 DAO 프로젝트는 이더리움을 펀드 투자금으로 받은 후, 이 이더리움을 보낸 사람들에게 DAO 토큰을 그 비율에 맞게 분배해 주었습니다. 그리고 DAO 토큰을 가지고 있으면 자금 활용에 대한 의결권과 수익에 대한 배당권을 행사할 수 있도록 했습니다. 쉽게 비유해서 소수의 오너가 다스리는 기업의 주식이 아닌 주인이 존재하지 않는 기업의 주식을 가지게 되었다고 생각하면 됩니다.

이런 발상까지는 좋았습니다. 그런데 DAO 토큰을 만든 개발진들이 이더리움을 투자받는 과정에서 스마트 컨트랙트 프로그래밍을 잘못 설계한 일이 벌어집니다. (놀랍게도 이더리움의 핵심 개발진들이 이 토큰을 설계했습니다.) 이런 프로그래밍 오류로 인해 DAO

토큰에 모인 투자자들의 이더리움이 악용점을 파악한 해커에 의해서 탈취됩니다. 그리고 이 양은 전체 이더리움 발행량의 10%에 해당했습니다. 그러자 이더리움을 채굴하는 채굴자와 이더리움 블록체인을 개발하는 개발자들이 모인 이더리움 커뮤니티에서 논쟁이 벌어집니다.

커뮤니티의 한쪽은 'Code is Law(코드는 곧 법이다)'라는 주장을 하며, 해킹을 당했더라도 이를 구제해줄 필요는 없고 코드는 법이기 때문에 이를 악용한 것은 어쩔 수 없는 일이라고 주장했습니다. 다른 한쪽은 개발진을 믿고 투자한 사람들은 뭐가 되느냐며 이더리움 생태계와 투자자들을 위해서라도 구제를 해줘야 한다는 입장이었습니다.

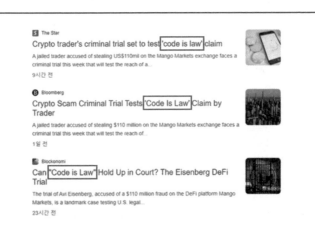

블룸버그와 포브스 등에서 다룬 DAO 해킹 관련 뉴스(출처 : 구글 검색 결과 화면)

오류를 수정할 것인가 vs 그대로 놔둘 것인가?

'Code is Law'를 주장했던 전자의 사람들은 이더리움 본연의 블록체인 원장에 대해 인위적인 조작을 가하여 기록을 변경하는 것에 대해 끝까지 반대했습니다. 이렇게 수정할 수 있다면 이것이 무슨 블록체인이냐며, 탈중앙화 정신에 반한다는 주장을 이어 갔습니다. 해커들이 이더리움을 가져갈 수 없도록 블록체인 원장을 인위적으로 변경해서 다시 시작하자는 측(하드포크◆ 지지자)과 이더리움은 본연 그대로 어떠한 변화도 없이 그대로 이어져야 한다는 측(하드포크 반대자)의 의견은 합치되지 못했고, 결국 하드포크 지지자들이 승리해 이더리움의 블록체인 원장을 인위적으로 변경하는 하드포크를 감행했습니다. 그러자 대략 10분의 1에 해당하는 하드포크 반대자들은 이에 대항하여 하드포크 이전의 이더리움 블록체인을 그대로 가지고 와 '이더리움 클래식'이라는 이름의 코인을 만들어 여러 암호화폐 거래소에 상장시키게 됩니다. 이런 극한의 대립과 쪼개져버린 코인으로 인해 시장은 큰 충격을 받았고 2016년 이더리움 가격은 절반 가까이 떨어졌습니다.

◆ 하드포크 관련 내용은 321쪽 참고.

이더리움과 이더리움 클래식의 공존, 하지만?

결과적으로 이더리움과 이더리움 클래식은 공존하게 됐지만, 이더리움 하드포크를 지지했던 세력의 수가 압도적이었고 이더리움의 창시자 비탈릭 부테린도 하드포크를 지지했던지라 이더리움 클래식은 현재까지도 이더리움에 비해 그 존재감이 미미합니다. 두 코인의 시가총액과 가격만 봐도 차이를 알 수 있습니다. 자신들이야말로 원조 이더리움이라며 'Classic'이란 이름을 붙이고 있는 이더리움 클래식. 탈중앙화 정신을 이어간다는 점에서는 유의미하지만 이더리움을 넘보기는 쉽지 않아 보입니다.

이더리움 매매창   이더리움 클래식 매매창

77

하드포크 vs 소프트포크 무슨 말?
(ft. 블록체인 업데이트)

포크 모양처럼 여러 갈래가 생기는 것에서 유래

비트코인과 이더리움에 대해 설명하면서 하드포크라는 단어를 계속 사용해왔는데 무슨 의미인지 많이 궁금했을 것입니다. 우리가 휴대전화 앱을 사용하다 보면 기능을 추가하거나 보완을 강화한다는 등의 이유로 업데이트한다는 메시지가 뜨곤 합니다. 블록체인에서도 비슷하게 보안 문제나 기능 추가 등의 이유로 업데이트가 이루어지곤 하는데 이 중에서도 큰 변화가 이루어지는 업데이트를 '포크(fork)'라고 부릅니다. 포크라고 하는 이유는 대규모 업데이트로 식기인 포크 모양처럼 여러 갈래의 기능이 생기기 때문입니다.

호환되지 않는 업데이트 - 하드포크
호환되는 업데이트 - 소프트포크

포크 중에서도 기존의 블록체인과 호환되지 않는 아예 새로운 규칙을 도입하는 경우 '하드포크'라 부르고 이전 규칙을 계속 따르는 포크를 '소프트포크'라 부릅니다. 자동차를 좋아하는 분이라면 소프트포크를 '페이스리프트'로, 하드포크를 '풀체인지'로 구별해도 좋습니다.

코인별 하드포크 사례들

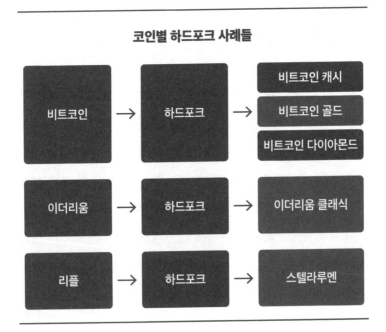

주요 코인들의 경우 여러 차례 소프트포크와 하드포크를 거쳤으며 이로 인해 새로운 코인이 생성되기도 했습니다. 비트코인의 경우 하드포크로 비트코인 캐시, 비트코인 골드, 비트코인 다이아몬드 등이 생겼고, 이더리움의 경우 이더리움 클래식이, 리플의 경우 스텔라루멘이 생겼습니다.

78

3세대 코인이란 무엇인가?
(ft. 에이다, 폴카닷, 이오스)

시가총액 1위 비트코인, 2위 이더리움
이들을 추격 중인 3세대 코인들

비트코인은 탈중앙화된 화폐의 발행 및 거래를 목표로 만들어져 1세대 코인의 역사를 열었습니다. 이더리움은 비트코인이 가지고 있는 화폐로써의 장점을 발전시킴과 동시에 스마트 컨트랙트 기능과 블록체인 생태계를 구축하는 것을 목표로 만들어져 2세대 코인의 지평을 열었습니다. 비트코인과 이더리움은 현재까지도 코인 시장에서 시가총액 1위, 2위 자리를 굳건히 지키고 있습니다.

코인 기술은 계속 발전하고 있으며 비트코인과 이더리움의 장점은 그대로 살리면서 단점을 보완한 코인들이 연이어 출시되고 있습니다. 이들 중에서도 기술력, 확장성, 실용성, 시가총액 부분에서 높은 평가를 받는 코인에 대해서는 따로 3세대 코인이라 부르기 시작했습니다. 3세대 코인의 대표 주자로는 에이다, 폴카닷, 이오스가 있습니다.

3세대 코인 대표 주자 - 에이다

에이다의 경우 IOHK에서 개발한 '카르다노(Cardano)'라는 블록체인 플랫폼을 기반으로 하여 2017년 만들어진 코인이며 채굴 없이 우로보로스 지분증명 방식으로 신규 코인을 발행하여 친환경적이라는 평가를 받고 있습니다. 대표자는 전 이더리움 경영진이

'code is law'를 주창하며 이더리움 클래식에도 깊이 관여했던 찰스 호스킨슨. ICO 과정에서 이더리움을 보상으로 주는 것을 비판하기도 했다.(출처 : Chico Crypto 유튜브)

었던 찰스 호스킨슨입니다. 발행과 동시에 많은 관심을 받았고 2021년에는 한동안 비트코인, 이더리움에 이어 시가총액 3위의 자리까지 오르기도 했습니다.

이더리움 킬러들 - 폴카닷과 이오스

폴카닷과 이오스는 이더리움이 가진 단점을 보완하는 데 집중한 코인이며 두 코인 모두 공통적으로 '이더리움 킬러'라는 별명을 가지고 있습니다. 폴카닷의 경우 비탈릭 부테린과 함께 이더리움을 공동 개발했던 개빈 우드가 만든 코인으로 이더리움보다 빠른 처리 속도, 블록체인 간 상호 운용성 및 확장성, 보안성에서 장점을 가지고 있습니다.

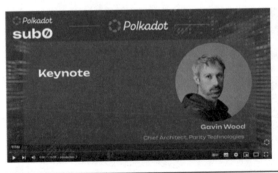

개빈 우드의 sub0 Asia 2024 기조연설 동영상(출처 : Polkadot Events 유튜브)

이오스 역시 이더리움보다 빠른 처리 속도에 강점을 가지고 있으며 나아가 이더리움의 경우 거래할 때마다 수수료(가스비)를 청구하는데 이오스는 별도 수수료가 없습니다. 이오스를 만든 댄 라리머는 공개적으로 이오스가 '이더리움 킬러'라고 홍보했고 이로 인해 비탈릭 부테린과 트위터에서 격렬하게 다툰 일화로도 유명합니다.

댄 라리머와 함께한 인터뷰 동영상(출처 : Eos Network Foundation 유튜브)

79

체인링크(이더리움 계열) vs 피스 네트워크 (솔라나 계열) 누가 승자?

오프체인에서 RWA화하는 코인들 - 체인링크와 피스 네트워크

2024년 2월 업비트에 새로운 코인 하나가 상장되는데 바로 피스 네트워크라는 코인입니다. 우리는 앞에서 오프체인과 RWA♦ 라는 개념을 배울 수 있었는데 피스 네트워크는 이런 오프체인을 활용하여 실물화된 자산을 코인으로 만들게끔 도와주는 기술(RWA)을 표방하고 있습니다. 피스 네트워크는 솔라나 계열의 코인이며, 이더리움 계열의 코인으로는 체인링크가 있습니다.

....

◆   오프체인 내용은 158쪽, RWA 내용은 141쪽 참고.

오라클 문제란?
온라인 블록체인에 오프체인 데이터를 집어넣을 때 생기는 문제

체인링크와 피스 네트워크를 이해하기 위해서는 이 책에서 지금껏 배운 기술 용어를 복습할 필요가 있습니다. 앞서 오프체인에 대한 개념을 알아보았죠. 하지만 오프체인에 있는 외부의 데이터를 온체인상의 블록체인으로 옮겨 오는 것은 기술적으로 쉽지는 않습니다. 왜냐면 온체인 블록체인은 그 자체로 하나의 금융망인지라 외부의 데이터가 들어오는 것이 차단되어 있는 구조이기 때문이죠. 예를 들어 이더리움이라는 생태계 안에 현재 서울 날씨라는 외부 데이터를 집어넣으려고 한다면, 이더리움은 이 정보가 이더리움 내에서 생성되는 송금 내역 정보도 아니고 그 안에서 만들어지는 토큰 정보도 아니기 때문에 채굴망 단계에서 외부의 노이즈 정보를 걸러버리고 맙니다. 그렇기에 우리가 배운 RWA를 실제 코인화하여 실현하기에는 걸림돌이 많습니다. 이런 문제를 오라클 문제라고 하는데, 이를 해결하기 위해 등장한 것이 체인링크(이더리움 계열) 코인과 피스 네트워크(솔라나 계열) 코인입니다.

이 기술을 설명하면, 별도의 레이어2 블록체인 위에서 외부 데이터 검증 작업을 수행하고 외부의 이 정보가 신뢰할 만한 정보라는 것을 검증하여 온체인 블록체인에 전송해주는 역할을 하는 것입니다. 이해하기 좀 어렵죠? 쉽게 비유해서 어미 새가 아기 새를 위해 먹이를 꼭꼭 씹어서 먹여주는 것이라고 생각하면 되겠습니다. 여기서 어미 새는 피스 네트워크 혹은 체인링크가 되는 것이고, 아기 새는 이더리움 혹은 솔라나가 되는 것이죠. 이렇게 어미 새가 아기 새를 위해 먹이를 떠먹여주는 방법은 2가지가 있습니다. 하나는 써드파티 오라클이고, 다른 하나는 퍼스트 파티 오라클입니다.

써드파티 오라클의 대표 코인은 체인링크
이더리움 계열의 탈중앙화 지향!

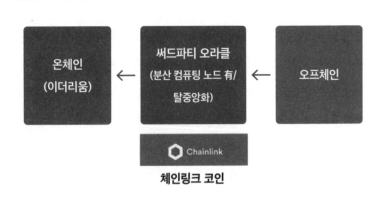

써드파티 오라클과 같은 경우 별도의 분산 컴퓨팅 노드를 만들어 해당 네트워크에서는 오로지 외부 데이터 검증만을 수행하고, 그렇게 검증이 된 데이터를 온체인(본래의 블록체인 : 이더리움)으로 전송시켜주는 역할을 하고 있습니다. 예를 들어, 이더리움의 체인링크 코인이 대표적인 써드파티 오라클 코인이죠.

퍼스트 파티 오라클의 대표 코인은 피스 네트워크
솔라나 계열의 강점은 속도!

퍼스트 파티 오라클은 이런 별도의 분산 컴퓨팅 노드를 만들지 않고 신뢰할 만한 전문가를 뽑아 이 전문가가 보내주는 외부 데이터는 전부 검증되었다고 보아 온체인(본래의 블록체인 : 솔라나)에 기

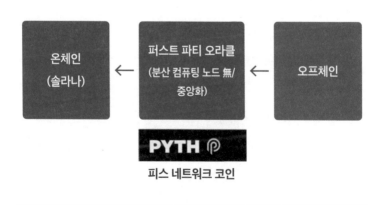

피스 네트워크 코인

록을 하는 방식을 의미합니다. 퍼스트 파티 오라클의 장점은 분산 컴퓨팅 기술이 들어가지 않고 중앙화된 방식으로 작동하기에 속도가 빠르다는 장점이 있죠. 그러나 단점으로는 탈중앙화 정신에 위배되며, 전문가가 악의적인 외부 데이터를 작정하고 보내면 이를 막기 힘들다는 것이 있습니다. 퍼스트 파티 오라클의 대표 코인은 바로 피스 네트워크입니다.

이더리움과 달리 솔라나는 '속도'를 중요시한다고 했습니다. 그렇기 때문에 오라클 문제를 해결하는 방법에서도 이더리움과 솔라나는 그 결을 달리합니다. 이더리움은 끝까지 탈중앙화를 고집하기 때문에 체인링크 코인을 통해 별도의 분산 컴퓨팅 네트워크망을 만들어 외부의 데이터를 검증하고 있고, 솔라나는 속도를 중시하기 때문에 분산 컴퓨팅 네트워크망을 만들지 않고 중앙화되어 외부 데이터를 검증하는 방식으로 운영되고 있습니다.

시가총액 승리자는 속도보다 탈중앙화를 지향한 체인링크

이때 외부 데이터를 이용해 RWA 코인을 만들려는 개발자 입장에서는 속도가 느린 체인링크 + 이더리움 생태계보다는 속도가 빠른 피스 네트워크 + 솔라나 계열이 더 매력적일 수도 있습니다. 그러나 개발자에 따라 피스 네트워크 + 솔라나 계열은 탈중앙화 정신에 위배된다며 이더리움과 체인링크만을 선호하는 사람도 있습니다. 2024년 4월 기준, 체인링크는 시가총액 16위에 위치하고 있고 피스 네트워크는 86위에 있습니다. 가격만 봤을 때는 많은 코인 투자자들이 탈중앙화의 가치를 더 우선시하는 것으로 보입니다.

80

31만원 → 1만원 폭락했던 '솔라나' 부활의 비결은?
(ft. FTX 거래소 파산)

시가총액 5위를 기록한 솔라나

솔라나 코인은 2024년 4월 기준, 시가총액 5위를 기록하고 있는 메이저 알트코인입니다. 솔라나는 그레이스케일◆이라는 벤처캐피탈 회사(VC)가 백커◆◆로 있어 더 유명한데, 여기서 백커란 특정 코인에 초기부터 투자하는 벤처캐피탈을 의미합니다.

....

◆ **그레이스케일 인베스트먼트** : 2013년에 설립된 미국의 암호화폐 신탁펀드 투자 회사이자 디지털커런시그룹(DCG)의 자회사이다. 그레이스케일은 비트코인(BTC), 비트코인 캐시(BCH), 이더리움(ETH), 이더리움 클래식(ETC), 젠캐시(ZEN), 스텔라루멘(XLM), 라이트코인(LTC), 리플(XRP), 지캐시(Zcash) 등 9개의 신탁 펀드를 출시했다.

◆◆ **백커(Backer)** : 사전적 의미 그대로 뒤에서 받쳐주는 존재, 투자자와 협력업체들을 가리킨다. NFT 프로젝트별 공식 홈페이지에 접속하면 백커를 확인할 수 있다.

이렇게 VC가 뒤에서 버티고 있으면 코인 창업자들과 개발자들도 이들의 눈치를 볼 수밖에 없고 자기들이 가지고 있는 물량을 함부로 시장에 덤핑하지 못해 가격이 쉽게 떨어지지 않습니다. 거기에 VC들이 개발과 토크노믹스에 직접 관여하기 때문에 더 탄탄한 코인이 만들어진다고 볼 수 있습니다. 그레이스케일은 이런 코인에 투자하는 VC 중에서도 세계적으로 가장 유명한 투자 회사입니다.◆

그레이스케일이 특히나 유명세를 탄 이유는 이 회사가 투자한 코인들 대부분 가격이 크게 상승했기 때문입니다. 그만큼 백커가 코인 프로젝트에 대한 관리를 철저히 한다고 볼 수 있지요.

솔라나 코인은 그레이스케일이 초창기부터 투자한 코인입니다. 하지만 이런 솔라나에도 큰 부침이 있었습니다. 바로 2022년 11월, 세계 2위의 암호화폐 거래소였던 FTX가 파산했을 당시, FTX도 솔라나의 든든한 후원자였기 때문에 그 여파로 엄청난 폭락을 겪었던 것이죠. 빗썸 거래소 기준 가격이 31만원(2021년 11월 7일)이었던 것이 1만원(2022년 12월 30일)까지 폭락했습니다. 무려 30토막이 난 것이죠. 그랬던 가격이 다시 30만원(2024년 3월 20일)까지 회복했습니다. 만약 2022년 12월에 솔라나를 구매해서 2024년 3월까지 1년 3개월 동안 가지고 있었다면 약 30배의 수익

◆　　한국에서 유명한 코인 VC는 해시드.

을 기록할 수 있었습니다. 코인 시장은 이렇듯 변동성이 어마어마하게 큽니다.

코인마켓캡에서 설펴본 솔라나의 가격 차트(출처 : https://coinmarketcap.com/ko/currencies/solana)

속도 향상을 위해 고성능 컴퓨터만 채굴 참여
PoH 자체 블록체인 원장 기술 도입

솔라나에 대한 개요는 이 정도로 하고 기술적인 특징에 대해 살펴보겠습니다. 솔라나는 이더리움 및 비트코인과 기술적으로 큰 차이가 하나 있습니다. 바로 채굴 컴퓨터에 있어서 오로지 고성능의 컴퓨터만 참여시킨다는 것이죠. 비트코인과 이더리움은 일반적인 모든 컴퓨터들이 채굴에 다 참여하기 때문에 상대적으로 속도가 느릴 수밖에 없습니다. 그런데 솔라나는 이더리움이나 비트코인과 달리 '속도'에 중점을 두고 설계가 되었던 터라 고성능의 컴퓨터로만 채굴 분산 컴퓨팅 네트워크에 참여하도록 만들어 놓았습니다. 이 코인은 이더리움과 비트코인에 비해 그 역사가 오래되지는 않았습니다. 2017년 퀄컴 개발자 출신인 아나톨리 야코벤코가 개발했고, PoH(Proof of History)라고 하는 자체적인 블록체인 원장 기술을 도입했습니다.

솔라나 비판 - 결국 이더리움과 비슷한 지분증명 시스템일 뿐?

다만, 이 PoH라는 기술이 일종의 마케팅 용어라고 비판하는 시각도 존재합니다. 왜냐하면 솔라나가 실제로 작동하는 구조는 이더리움과 비슷한 지분증명 구조를 이용하고 있기 때문이죠. PoH는 역사증명으로 쉽게 말해서 기존까지 솔라나 네트워크에 존재하는 역사를 이용하여 블록체인 원장의 신뢰성을 검증한다는 개념인데, 어디까지나 솔라나 팀에서 만들어낸 용어입니다. 그리고 실제 작동되는 구조를 보면 이 기술보다는 이더리움과 같이 분산 컴퓨팅 채굴 기술(PoS, 지분증명 방식)을 통해 블록체인이 작동되고 있습니다. 이때 이더리움의 느린 속도 문제를 자기들은 더 빠르게 만들어 해결하기 위해 고성능 컴퓨팅만 채굴할 수 있도록 했을 뿐이죠.

이더리움과 같이 솔라나도 코인 위에서 코인을 만드는 플랫폼 코인을 지향하고 있습니다. 자신들의 생태계 확장을 위해 프로그래머들에게 친화적인 환경을 만들고자, 별도의 개발자를 위한 개발 가이드도 만들어 운영하고 있을 정도입니다. 이더리움에 비해 후발 주자라 차별화 전략을 수립하고 있는 것이죠.

솔라나 개발자 가이드 사이트(https://solana.com/ko/developers)

개발자 입장에서 솔라나는 이더리움보다 이점이 있습니다. 개발을 하는 데 있어 내야 하는 수수료도 적고, 코인 개발 테스트나 전송 속도도 더 빠릅니다. NFT를 만들기도 더 수월하고 최근 들어 NFT 거래량도 이더리움을 추월했습니다. 하지만 아직 시가총액에서는 이더리움과 큰 차이를 보이고 있습니다. 솔라나가 플랫폼 코인의 대장인 이더리움을 넘어설 수 있을지 지켜봐야겠습니다.

81

BNB는 바이낸스 거래소가 만든 코인?
(ft. 수수료 할인과 에어드랍)

바이낸스에서 거래하면 수수료 할인을 받는 코인

2024년 4월 기준, 시가총액 4위를 기록하고 있는 BNB 코인은 세계적인 거래소인 바이낸스의 거래소의 코인입니다. 한국에서는 거래소 코인이라는 개념이 생소할 수 있는데 쉽게 말해서 암호화폐 거래소에서 직접 만든 코인이라는 뜻입니다. 이 코인을 가지고 있으면 바이낸스 거래소에서 거래할 때 수수료 할인을 받을 수 있습니다. BNB 코인을 가지고 있지 않으면 바이낸스에 0.1%를 거래 수수료로 내는 반면, 코인이 있으면 이를 지불하여 0.075%를 거래 수수료로 내는 구조입니다.

코인마켓캡에서 설펴본 BNB의 가격 차트
(출처 : 코인마켓캡 사이트 https://coinmarketcap.com/ko/currencies/bnb)

BNB의 저력은 무료 에어드랍으로 시작

하지만 단순하게 거래 수수료를 할인받는 기능만 있다고 해서
이 코인이 시가총액 4위를 기록할 정도로 열풍을 일으키지는 않
았을 것입니다. BNB 코인은 거래소 코인이면서 이더리움, 솔라
나처럼 플랫폼 코인을 지향하는 특이한 구조를 가진 코인입니다.
그리고 BNB 코인 위에서 만들어진 이런 토큰들을 BNB에 가지
고 있으면 무료로 에어드랍*을 해준다는 혁신적인 토큰노믹스를
설계해놓았습니다. 이런 에어드랍에 참여하기 위해서는 바이낸

◆　에어드랍(airdrop) : 암호화폐를 홍보할 때 무료로 토큰을 배포하는 것을 말한다.

스 암호화폐 거래소에 있는 런치패드라는 곳에 BNB를 예치해놓으면 됩니다.

BNB 코인을 예치하고 에어드랍 서비스를 받는 런치패드(출처 : lunchpad.binance.com)

위 사진은 2024년 4월 기준으로 진행되고 있는 바이낸스의 런치패드(런치풀)인데 BNB 코인을 예치해놓으면 SAGA라고 하는 토큰을 주는 것을 알 수 있습니다. 2024년 4월 기준, 지금까지 총 89개의 토큰이 지급되었으며 전 세계적으로 517만 9,595명이 누적하여 런치패드에 참여했다는 정보도 알 수 있습니다.

82

BNB 코인은 왜 개발자와 투자자 모두 좋아할까?
(ft. 이더리움 호환 & 메타마스크 지갑)

BNB는 어떻게 토큰에서 코인으로 승격되었는가?

사실 BNB 코인은 초창기만 해도 자체적인 플랫폼을 가지지 못했습니다. 이더리움 코인 위에 만들어진 하나의 토큰이었을 뿐이죠. 하지만 바이낸스 거래소의 프로그래머들이 BNB 코인 개발에 참여하여 이더리움을 벗어나 메인넷으로 발전시켰고 그 결과 자체적인 기술력을 가진 코인이 되었습니다.

BNB는 자체 플랫폼(BSC) 있지만 이더리움과 호환 가능 수수료는 적게 내고 개발은 용이

BNB의 블록체인 이름은 BSC(BNB Smart Chain)입니다. BSC는 다른 플랫폼과 차이점을 하나 보이는데, 바로 이더리움을 아예 벗어난 것이 아니라 이더리움과 호환되는 플랫폼으로 설계한 것입니다. 그렇기에 이더리움의 프로그래머 개발도구도 사용할 수 있고, BNB의 프로그래머 개발도구도 사용할 수 있습니다. 개발자 입장에서는 이더리움을 사용해 개발하는 것보다 BSC를 사용해 개발하면 더 적은 수수료를 내고 이더리움보다 친절한 가이드로 인해 개발하기가 더 수월해집니다. 기존의 이더리움 개발자들이 이더리움 생태계를 버리고 넘어오도록 만든 것이 아니라 병행할 수 있는 구조로 만들다 보니 BSC로 넘어오는 데 진입장벽이 크지 않게 된 것입니다.

투자자들은 메타마스크 개인 지갑 사용 가능!

코인투자를 하는 데 있어 이 개념을 알아두는 것은 중요합니다. 왜냐하면 코인 투자자들이 흔히 사용하는 메타마스크 개인 지갑*에 BNB 코인의 블록체인인 BSC를 추가할 수 있기 때문입니다. 본래 메타마스크는 이더리움 계열을 주로 지원하는데,

BNB는 이더리움 호환 체인이기에 메타마스크에 추가하는 것이 가능합니다. 이때, 이더리움은 ERC-20이라는 토큰 규격을 사용하지만 BNB 코인은 BEP-20이라는 별도의 토큰 규격을 사용합니다. 메타마스크에 이렇게 추가한 BNB 코인을 통해 NFT 민팅[**]에 참여할 수 있고, 디파이[***]나 Web3 게임에도 참여할 수도 있습니다. BNB 코인의 기술적인 특징은 이더리움 기반의 솔리디티 프로그래밍 언어뿐만 아니라, 바이낸스에서 제공하는 API 서버에 접속하여 Java, JavaScript, C#, C++, Go, Python 등의 다른 프로그래밍 언어로 스마트 컨트랙트를 구현할 수 있다는 것입니다. 이더리움과 달리 호환성이 더 큰 것이죠. 또 자체적인 개발 가이드 사이트도 존재하는지라 더 쉽고 편하게 개발자들이 개발할 수 있습니다. 이더리움에 대항하여 새로운 코인 생태계를 만들고자 하는 솔라나, 이와 달리 이더리움과 공생하며 호환되도록 만든 BNB. 어떤 코인의 전략이 더 우수한지 각자 판단이 다릅니다.

....

◆ **메타마스크(Metamask)** : 암호화폐를 보관하는 디지털 지갑으로 PC와 모바일 모두 사용 가능하다. 메타마스크의 차별점은 탈중앙거래소인 DEX와 연결이 가능하다는 점이다.

◆◆ **NFT 민팅(Non-Fungible Token Minting)** : NFT는 대체 불가능한 토큰이며 민팅은 화폐를 주조하다는 뜻이다. 즉, NFT를 만드는 걸 말한다.

◆◆◆**디파이(Decnetralized Finance)** : 사전적 의미는 탈중앙화금융. 블록체인 개념을 금융으로 가져온 것으로 블록체인 기반의 P2P 금융으로 이해하면 될 것이다. 분산금융의 뜻도 포함한다.

83

지벡 코인은 초 단위로 돈이 들어온다고?
(ft. VISA 신용카드 사용 가능)

빗썸에 상장된 지벡, 솔리나에서 작동하다가 독립

금융치료라는 말을 들어보셨나요? 아무리 힘든 일을 해도 돈이 들어오게 되면 힘든 감정이 잊혀진다는 것을 의미하기도 합니다. 보통 아르바이트를 하면 시급으로 돈을 받고, 직장에 다니면 월급으로 돈을 받지요. 그런데 만약 '초'급으로 돈을 받을 수 있다면 어떨까요. 2024년 1월 빗썸에 신규 상장한 지벡(Zebec)이라는 코인은 블록체인을 통해 초급으로 돈을 받을 수 있도록 설계된 암호화폐입니다.

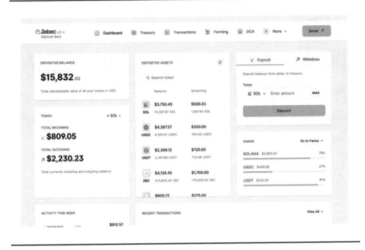

(출처 : 지벡 사이트 https://zebec.io/products/rwa-payments)

이 코인은 처음엔 솔라나 코인 위에서 작동하다가 현재는 노틸러스라는 별도의 블록체인을 만들어 독립했습니다. 초 단위로 돈이 지급되다 보니 노동자 입장에서는 초마다 금융치료를 받는 동기부여를 주겠다는 것이 이 코인의 핵심 가치인데, 실제 지벡의 백서를 살펴봐도 '동기부여'를 가장 큰 장점으로 내세우고 있습니다.

급여도 블록체인을 통해 지급 가능?

동기부여뿐만 아니라, 블록체인을 통해 임금을 지급하면 임금 체불과 같은 문제가 해결됩니다. 소규모의 영세한 업체나 소기업은 임금을 체불하는 일이 간혹 있는데, 만약 지벡의 비전대로 지급이 블록체인상에서 이루어진다면 블록체인의 투명성으로 인해 업체의 자금력이 공개될 것이고, 노동자들은 미리 이런 정보를 조회하고 체불할 업체인지 아닌지를 확인할 수 있을 것입니다.

VISA 카드 협업으로 실물 신용카드 사용 강점 스트리밍 페이먼트 코인

지벡의 특징으로는 VISA 카드와 협업해 코인과 연계된 실물 신용 카드를 사용할 수 있다는 점이 있습니다. 또한 초마다 임금을 지불하는 것을 동영상 스트리밍 기술과 유사하다고 하여 스트리밍 페이먼트라는 용어로 부르고 있습니다. 2024년 기준, 지벡의 시가총액은 다른 코인들에 비해 아직 낮습니다. 그만큼 상승 여력도 크고 리스크도 크다고 할 수 있죠. 코인투자에는 DYOR라는 단어가 있는데 풀어 쓰면 Do Your Own Reserach라는 뜻으로 어떤 코인에 대해 투자하기 전 반드시 정보를 많이 알아보고 투자하라는 의미입니다. 현재 기준 시가총액이 낮기에 지벡은 유망한 코인이나 DYOR은 필수입니다.

84

챗GPT의 샘 올트먼이 만든 게 월드코인?
(ft. 홍채 인식 코인)

AI 시대를 앞두고 인간에게 기본소득을 주기 위해 만든 코인

챗GPT를 만든 Open AI라는 회사를 아시나요? 이 회사의 창립자 중 한 명으로 샘 올트먼이라는 사람이 있습니다. 이 사람은 와이콤비네이터라는 회사의 사장을 역임하기도 했는데 이 회사는 에어비앤비와 같은 다수의 유니콘 기업을 초기에 발굴한 것으로도 유명합니다. 이런 AI의 아버지이자 성공한 창업가라고 할수 있는 샘 올트먼이 만든 코인이 있습니다. 바로 빗썸에 상장되어 있는 월드코인이죠. 샘 올트먼은 챗GPT와 같은 AI 기술을 개발하면서 미래에는 사람들의 일자리가 AI로 대체될 것이라는 확신을 가졌다고 합니다. 그래서 모든 사람들에게 기본소득을 줘야 한다는 급진적인 아이디어를 품게 됩니다.

인간임을 증명하라! - 홍채 정보 등록하면 코인 증정

그런데 정부에서 이런 급진적인 아이디어를 시행할 리가 없겠죠. 이에 샘 올트먼은 자신이 사람들에게 기본소득을 나눠주겠다는 생각을 합니다. 이런 기본소득 프로젝트의 일환으로 컴퓨터나 AI가 아닌 인간임을 증명하면 월드코인이라는 암호화폐를 무료로 나눠주겠다고 발표를 하죠. 이 월드코인을 받기 위해서는 AI가 아닌 인간임을 증명해야만 하고 이를 위한 방법은 눈의 홍채 정보를 등록하는 것입니다.

실제 한국에서도 여러 지점을 설치해 홍채 등록을 받았으며, 이 홍채 등록을 하면 2주일 단위로 월드코인을 무료로 지급했습니다. 그러나 최근에는 개인정보보호법 위반 논란이 생겨 국내에서는 홍채 정보 등록이 막혀 있는 상황이죠.

월드코인의 3가지 생태계 - 월드ID, 월드 앱, 월드코인

한국의 경우는 개인정보보호위원회에서 홍채 정보 등록을 막아놓은 상황이지만, 해외에서는 여전히 등록이 이루어지고 있습니다. 또한 월드코인은 AI가 아닌 인간임을 증명하는 것을 블록체인의 지분증명(PoS) 방식과 비슷한 용어를 사용해 개인증명(PoP, Proof of Personhood)이라고 부르고 있죠. 월드코인은 크게 3가지의 생태계로 구성되어 있는데 월드ID, 월드 앱, 월드코인이 그것입니다.

(출처 : 월드코인 홈페이지 https://ko-kr.worldcoin.org)

월드ID는 기존의 여권이나 신분증과 같은 시스템이 정부에 의해서 중앙화되어 관리되는 것에 문제가 있다고 주장하며 탈중앙화된 신분증을 제공한다는 개념을 가지고 있습니다. 즉, 자신의 개인 핸드폰에 월드ID를 저장하고 이를 오픈 소스 프로토콜을 통해 신분증 대용으로 사용할 수 있게 한다는 것이죠. 이때 자신의 신분 정보가 타인에게 공개되지 않도록 보장하는 기술을 적용했다고 합니다.

월드 앱은 암호화폐 거래소를 사용해본 경험이 없는 초보자를 위해 앱 내에서 DEX 기능을 제공하여 월드코인을 현금화해주는 기능을 합니다.

마지막으로 **월드코인**인데요. 월드코인과 같은 경우 사실 이름 자체는 코인이 붙어 있지만 실제로는 이더리움 네트워크 위에서 작동하는 토큰(ERC-20)입니다. 그렇기에 월드코인의 블록체인 기술이라는 것은 특별할 것이 없죠. 다만 월드코인은 블록체인 기술보다는 홍채 정보를 인식하는 기술, 홍채 정보를 보안화하여 익명화하는 기술에 있습니다. 향후 메인넷이 된다면 그때 가서야 월드코인의 블록체인 기술을 평가할 수 있을 것입니다. 샘 올트먼의 기본소득 비전이 현실적으로 실현될 수 있을지 미래를 지켜봐야겠습니다.

85

리플은 스위프트를 대체하는 코인?
(ft. 데스티네이션 태그)

시가총액 7위 리플, 탈중앙화 정신과는 먼 알트코인

2024년 현재, 코인마켓캡 통계로 시가총액 7위를 기록하고 있는 코인이 있습니다. 바로 한국인들에게 익숙한 리플이라는 코인이죠. 사실 이 리플이라는 코인은 블록체인 개발자들 사이에서는 인정을 잘 받지 못하고 있는 암호화폐입니다. 블록체인의 정신은 '탈중앙화와 채굴을 통해서 이루어지는 분산 컴퓨팅'이라 표현할 수 있는데 리플은 이에 해당하지 않는 코인이기 때문입니다.

기존의 중앙화된 금융시스템을 탈중앙화 정신을 통해 대체하겠다는 목표를 가진 비트코인과 달리 리플은 단순히 기존의 금융시스템을 더 나아지게 만들겠다는 목표 아래 출발했습니다. 현재

은행들에 있어서 국제 거래 간의 송금은 스위프트(SWIFT)라고 하는 시스템을 통해 이루어지고 있는데 리플은 이 스위프트를 블록체인 기술을 통해 혁신적으로 대체하겠다는 비전을 가지고 있는 코인입니다.

리플의 목표는 단지 금융 시스템을 업그레이드하는 것?

리플이 과연 스위프트를 대체할 수 있는지를 알아보려면 먼저 스위프트가 가지고 있는 단점을 알아봐야겠죠? 스위프트(SWIFT)는 국제은행간통신협회를 의미하는데 국민은행, 신한은행, 우리은행 등 각 은행마다 고유의 스위프트 코드가 존재합니다. 만약에 미국에 있는 특정 은행에서 한국에 있는 특정 은행으로 돈을 보내려면 한국 특정 은행의 스위프트 코드를 알아야만 돈을 보낼 수 있습니다.

여기서 나오는 첫 번째 단점은 어떤 특정 국가의 스위프트 코드를 배제시켜버리면 국제 결제망에서 해당 국가의 송금을 막아버릴 수 있다는 것입니다. 일례로, 2022년 우크라이나 전쟁 당시 서방의 각 국가들은 러시아의 스위프트 코드를 막아버림으로써 러시아로 넘어가는 국제 결제망을 차단시켜버렸죠. 스위프트의 두 번째 단점은 송금 시 중간에 많은 중개기관들을 거쳐야 해서 속도가 느리고 복잡하다는 것입니다. 여기서 파생되는 세 번째 단점은 이런 다수의 중개기관을 거쳐야 하기에 송금 시 수수료가 비싸다는 것입니다.

리플은 요즘 같은 효율성의 시대에 스위프트가 가진 단점이 굉장히 불합리하다고 보았습니다. 국제 간 결제에 있어서 저비용, 빠른 속도, 특정 국가들의 담합을 배제시켜야 한다고 보았죠. 그래서 리플의 창립자는 리플랩스라고 하는 회사를 만들어 리플(XRP)이라고 하는 코인을 만들었습니다.

리플(XRP) 코인의 가격 차트(출처 : 코인마켓캡 사이트)

중앙화 방식으로 송금 속도 높이고 수수료 절감
프라이빗 거래를 위해 데스티네이션 태그 추가

리플이 어떻게 스위프트를 대체할 것인지에 대한 청사진은 다음과 같습니다. 첫 번째로는 블록체인 기술을 응용하되, 탈중앙화가 아닌 중앙화된 방식을 사용하여(이를 PoA 합의 알고리즘이라고 부릅니다) 굉장히 빠른 송금 속도를 보장하겠다는 것입니다. 스위프트를 이용할 때는 오래 걸리는 송금을 단 2~3초 만에 처리하여 스위프트가 가지고 있는 속도 문제를 해결하겠다는 것이죠.

두 번째로는 저렴한 수수료입니다. 스위프트와 같은 경우 다수의 중개기관을 거치기에 그런 단계를 거치며 수수료가 비싸게 붙게 됩니다. 리플은 블록체인 기술의 장점을 활용하여 다수의 중개기관을 거치지 않고도 안전한 보안과 저렴한 수수료를 보장하고 있습니다. 여기서 다른 코인과 다른 리플만의 특징이 나타납니다. 책의 앞부분에서 이더리움이나 비트코인은 주소만 알면 블록체인의 투명성으로 인해 어느 지갑에서 어느 지갑으로 송금했는지 그 내역이 모두 공개되는 구조라고 했습니다. 이를 퍼블릭 블록체인이라고 부릅니다.

그러나 은행들이 국제 결제 송금에 사용되는 거래들이 이렇게 모두 노출이 되어서는 은행들이 곤란할 것입니다. 그래서 리플은 퍼블릭이 아닌 프라이빗 블록체인을 설계했습니다. 일반인들이

은행 간의 송금 내역을 알 수 없도록 암호화하여 처리하는 것이죠.

여러분들이 업비트나 빗썸 거래소에서 리플을 송금해보면 지갑 주소 말고도 데스티네이션 태그라는 것이 붙는 것을 볼 수 있을 겁니다. 비트코인이나 이더리움은 단순하게 지갑 주소만 입력하면 잘 전송이 되는데, 리플은 이렇게 데스티네이션 태그까지 정확히 입력해야 송금이 됩니다. 이것이 리플 프라이빗 블록체인의 특징입니다.

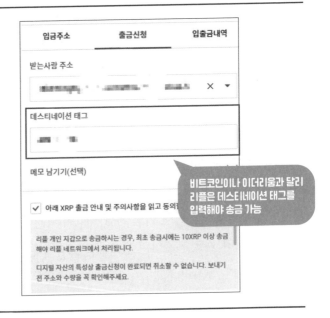

암호화폐 간 거래에는 최적화된 리플
스위프트 대체는 아직…

이렇듯 오픈되어 있는 블록체인 원장이 아니고, 비트코인처럼 다수의 채굴자들이 참여하여 탈중앙화로 운영되는 코인이 아니다 보니 많은 블록체인 개발자들이 리플은 진정한 암호화폐가 아니라고 주장을 하고는 합니다. 이렇듯 탈중앙화 정신에 위반되는 암호화폐라고 해도 리플이 가지고 있는 큰 장점이 있습니다. 코인투자를 할 때 암호화폐 거래소에서 다른 암호화폐 거래소로 자금을 이동시켜야 하는 경우가 많은데 비트코인이나 이더리움은 그 속도가 너무 느려 전송하는 동안 가격이 폭락하는 리스크가 있습니다. 그러나 리플은 태생이 전송 속도에 초점이 맞춰져 있는 중앙화된 코인이기 때문에 암호화폐 거래소에서 암호화폐 거래소로 코인을 옮길 때 그 속도가 빠릅니다. 그래서 많은 코인 투자자들이 리플을 이용해서 전송을 하고는 하죠. 수요는 확실히 있는 코인입니다.

스위프트라고 하는 국제 송금 결제망이 워낙 견고하여, 아직 리플이 그 아성을 뛰어넘기는 쉽지 않아 보입니다. 그러나 언젠가 리플이 스위프트를 대체할 수 있는 날이 올지도 모르겠습니다.

86

도지코인, 시바이누 코인이
밈 코인 대표 선수?

SNS에서 유행하는 말이나 행동을 의미하는 '밈'

2023년 한 해 가장 많이 인용된 밈은 아마 "혹시 너 T야?"가 아닐까 싶습니다. 밈이라는 말이 익숙하지 않은 사람도 있을 텐데 쉽게 설명하자면 인터넷 커뮤니티나 SNS에서 유행하는 말이나 행동을 '밈'이라고 부릅니다.

코인 시장에서도 밈코인(Meme Coin)이라는 것이 있는데 마찬가지로 인터넷 커뮤니티나 SNS에서 유행하는 것을 상징으로 하여 만든 코인을 뜻합니다. 그 대상이 동물일 때도 있고, 실존하는 인물일 때도 있고, 캐릭터일 때도 있습니다. 현재까지 시장에 코인마켓캡 기준 상장된 밈코인의 개수는 2,000개 가까이 되고 시장

규모도 100조 가까이 됩니다. 시가총액 기준 도지코인이 33조, 시바이누가 22조로 밈코인 시장의 절반 정도를 두 코인이 차지하고 있습니다. 최근에는 밈으로 유명한 개구리인 페페 더 프로그를 로고로 만든 '페페(PEPE)', 일론 머스크가 키우는 시바견을 로고로 만든 '플로키(FLOKI)', 분홍 모자를 쓴 아치(Achi)라는 강아지를 로고로 만든 '도그위햇(dogwifhat)' 코인이 많은 주목을 받고 있습니다.

커뮤니티 형성과 재미를 추구하는 게 주된 목표 투기성이 큰 코인들

밈코인의 경우 유명인의 언급(shot out)에 따라 상승 및 하락 폭이 매우 크고 실제 별다른 사용 사례를 찾을 수도 없습니다. 대다수의 밈코인은 기술이나 블록체인 생태계 구축보다는 밈코인을 보유한 사람들끼리 커뮤니티 형성을 통해 재미를 추구하는 것을 목표로 삼고 있습니다.

앞서 소개한 플로키의 경우 일론 머스크가 X에 올린 강아지를 재미 삼아 그대로 코인화한 것이고, 도그위햇은 공식 홈페이지에 '도그위햇은 (암호화폐 전체 생태계 발전과 관계없이) 말 그대로 모자를 쓴 강아지다.'라고 설명하고 있습니다. 이와 같은 이유로 밈코인은 코인 시장에서도 특히 투기성이 큰 종목으로 평가받고 있으며 잠깐 화제성이 생겨 가격이 급상승한다고 하여 섣불리 구매했다가 크게 손실을 볼 수 있다는 점을 명심해야 합니다.

대표적 밈코인인 도지코인(출처 : https://dogecoin.com)

87

장난으로 시작한 도지코인은
어떻게 살아남았나?
(ft. 일론 머스크)

도지코인 창시자 잭슨 팔머와 빌리 마커스

도지코인은 비트코인 열풍을 풍자하기 위하여 2013년 잭슨 팔머와 빌리 마커스가 라이트코인에서 하드포크된 럭키코인을 다시 하드포크하면서 만든 코인입니다.

도지코인의 공급량은 초기에는 1,000억 개로 제한이 되었으나 현재는 공급량 제한이 사라져 1분마다 1만 개씩 발행되고 있는 상황입니다.

도지코인 창시자 잭슨 팔머 인터뷰 동영상(출처 : H3 Podcast Highlights 유튜브)

일론 머스크 덕분에 주목받은 도지 코인

도지코인은 만들어지고 나서 수년간 코인 시장에서 별다른 주목을 받지 못했으나 2019년 4월 2일 일론 머스크가 X에 'Dogecoin might be my fav cryptocurrency. It's pretty cool(도지코인이 마음에 든다. 쿨해 보인다).'는 글을 올리면서 시장의 관심을 받기 시작했고 이후 머스크가 지속적으로 도지코인에 관한 글을 올리기 시작하면서 2019년 10원도 하지 않았던 도지코인이 2021년 5월 800원까지 오르기도 했습니다. 2021년 초 도지코인의 가격은 0.004달러 미만이었습니다. 그러나 머스크가 '도지코인은 미래의 통화다.'라고 글을 올리고 난 후 며칠 만에 코인 가격은 0.08달러까지 급등했습니다. 이는 2,000% 이상 증가한 수치입니다.

도지코인은 2021년 최고점을 찍고 난 후 조정을 받아 현재는 200원 정도에 거래되고 있습니다. 일론 머스크는 현재 자신을 '도지파더'라고 자처하며 도지코인에 대한 관심을 지속적으로 표현하고 있으며 과거 비트코인으로 테슬라 차량 결제를 허용했듯이 향후 도지코인으로 테슬라 차량 결제를 허용하는 것을 검토 중에 있다고 밝히기도 했습니다.

일론 머스크의 지속적인 관심으로 도지코인은 급성장했으나 일각에서는 도지코인 가격에 대해 일론 머스크의 영향력이 지나치게 크고 심지어는 일론 머스크가 코인 시세를 조작하여 이득을 취하고 있을 가능성도 있다고 보아 미국 증권거래위원회에서 일론 머스크를 조사해야 한다는 비판도 나오고 있는 상황입니다.

88

알트코인도 ETF 승인이 이루어질까?
(ft. 이더리움 현물 ETF)

금, 은, 동에 이어 비트코인까지 ETF 상장

비트코인 현물 ETF가 승인되면서 이더리움 ETF 승인이 언제 이루어질지에 대해서도 관심이 모이고 있습니다. 금 현물 ETF가 2004년 미국 증권거래위원회의 승인을 받아 뉴욕증권거래소에 상장되기까지는 많은 우여곡절을 겪었지만 이후 같은 금속류인 은과 동의 경우 2006년과 2010년에 비교적 순탄하게 현물 ETF 승인이 이루어지게 되었습니다. 이와 유사하게 비트코인을 시작으로 시가총액 상위에 포진하고 있는 알트코인에 대한 현물 ETF 승인도 앞으로 차츰 이루어질 것이라는 예상이 많아지고 있습니다.

미국 증권거래위원회(SEC)는 ETF 신청이 있는 경우 45일 이내 승인 여부를 결정해야 하며 승인 여부 결정을 하지 못하는 경우 총 3차례 연장(45일 연장, 90일 연장, 60일 연장)을 할 수 있으며 3차례 연장을 모두 행사하는 경우 심사 기간으로 240일을 사용할 수 있습니다. 즉 미국 증권거래위원회는 3차례 연장의 연장권을 모두 행사하더라도 240일 이내에는 신청에 대해 승인이나 거부 어느 한쪽으로는 결정을 내려야 합니다.

7개 자산운용사가 이더리움 현물 ETF 신청

현재 미국 증권거래위원회에는 반에크, 그레이스케일, 블랙록 등을 비롯하여 7개의 자산운용사가 이더리움 현물 ETF 신청을 마친 상황입니다. 이 중에서도 반에크가 최초로 이더리움 현물 ETF 신청을 했고 이에 대해 미국 증권거래위원회가 3차례 연장권을 모두 행사하면서 다가오는 2024년 5월 23일에는 이더리움 현물 ETF 승인 여부에 대한 최초의 승인 또는 거부 결정이 이루어질 예정입니다. 반에크가 신청한 이더리움 현물 ETF에 대한 증권거래위원회의 결정 내용에 따라 향후 있을 유사한 신청 건에 대한 승인 여부도 큰 영향을 받을 것으로 보입니다.

반에크에 이어 아크인베스트와 21세어즈가 공동 신청한 이더리움 ETF는 최종 기한이 5월 24일, 해시덱스가 신청한 ETF는 최종 기한이 5월 30일, 그레이스케일이 신청한 ETF는 최종 기한이

6월 18일, 인베스코와 갤럭시디지털이 공동 신청한 ETF는 최종 기한이 7월 5일, 피델리티가 신청한 ETF는 8월 3일, 블랙록이 신청한 ETF는 최종 기한이 8월 7일로 예정되어 있습니다.

한편 미국 증권거래위원회는 이더리움 ETF 상품에 대해 "증권성 여부에 대해 아직 검토할 시간이 필요하다."라고 하며 신중한 태도를 보이고 있으며 시장조사업체 GSR은 "미국 증권거래위원회가 최근 이더리움의 증권성을 조사하며 이더리움 현물 ETF 승인에 비협조적인 모습을 보이고 있어 승인 확률을 75%에서 20%로 낮췄다."라는 의견을 밝혔습니다. 이에 2024년 이더리움 현물 ETF 승인 여부는 증권거래위원회가 이더리움의 증권성에 대해 어떻게 판단할지에 달려 있다는 것이 대체적인 전망입니다.

결국 이더리움 ETF도 승인 전망이 우세

다만 증권거래위원회가 이더리움 현물 ETF를 승인할 생각은 있으나 비트코인 현물 ETF 이후 시장에 너무나 많은 자금이 유입된 것을 고려하여 시장 안정성을 생각해 일부러 이더리움 현물 ETF 승인 시기를 의도적으로 지연시키고 있다는 주장도 제기되고 있습니다. 현재 증권거래위원회의 위원장인 개리 겐슬러는 MIT 교수 시절 강의에서 "이더리움이 충분히 분산됐기 때문에 증권이 아니다."라는 의견을 밝혔으며 2023년 증권거래위원회가

19개의 코인이 증권에 해당한다면서 글로벌 1, 2위 코인 거래소인 바이낸스와 코인베이스를 증권법 위반 혐의로 고소한 사건(코인 거래소는 증권업 자격이 없기 때문에 증권 거래를 중개하면 안 되는데 증권성을 가진 코인을 거래했다면서 고소한 사건입니다)에서도 이더리움은 빠져 있었기 때문입니다.

이에 이더리움 현물 ETF의 경우 결국 승인이 이루어질 가능성이 높겠지만 현재 미국 증권거래위원회의 태도에 비추어 보았을 때 그 시기는 빨라도 2024년 하반기이거나 2025년 초일 가능성이 높아 보입니다.

89

트럼프의 입장을 바꾼
'트럼프 스니커즈' 코인이란?

코인 시장에 대한 상반된 입장을 표현한
바이든과 트럼프

2024년 1월 15일부터 아이오와주를 시작으로 미국 대선 후보 경선 레이스가 시작되었습니다. 미국에서 가장 많은 대선 후보 경선이 하루 만에 치러지는 '슈퍼 화요일'이 3월 6일 마무리되었는데 그 결과 민주당은 바이든, 공화당은 트럼프로 사실상 대선 후보가 정해진 것으로 보입니다. 대선 후보 경선 과정은 공화당은 2024년 7월, 민주당은 8월 전당대회에서 공식적으로 대통령 후보를 지명하면서 끝나고 이후 11월 5일 선거를 통해 최종적으로 제47대 대통령이 정해집니다. 코인 업계에서는 2024년 최대 이슈로 미국 대선을 뽑고 있는데 바이든과 트럼프가 코인 시장에 대하여 상반된 입장을 보여주고 있기 때문입니다.

트럼프 후원자금을 위해 출시했던 '트럼프 스니커즈' 코인

공화당 후보인 트럼프는 과거 재임 시절(트럼프는 미국 제45대 대통령입니다)에는 "가상자산은 사기(scam)에 불과하며 마약 거래 등 범죄를 조장할 수 있다."라고 하면서 규제의 필요성을 강조했습니다. 그러나 2024년 3월 미국 CNBC 방송과 인터뷰에서 공개적으로 "비트코인은 화폐의 추가적인 형태이고 그 자체로 생명을 얻었다. 백악관에 다시 입성한다면 사람들이 비트코인으로 결제할 수 있도록 허용할 것"이라고 하며 완전히 입장을 바꾼 모습을 보여주고 있습니다. 트럼프가 코인에 대해 입장을 바꾼 데는 후원금 마련을 위해 출시했던 '트럼프 스니커즈'를 많은 사람들이 코인으로 결제했던 것이 주효했던 것으로 보입니다.

코인 부자들에게 세금을 더 거두겠다는 바이든

민주당 후보인 조 바이든은 코인에 대해 부정적인 입장을 가지고 있습니다. 조 바이든은 2023년 "코인은 아무 근본적 가치도 없다.",라고 하면서 "부유한 코인 투자자들에게 세금을 더 거둘 것이다.",라는 의견을 밝혔습니다. 바이든 정부는 최근 2025 회계연도 예산안을 제안하는 세제 개편안(그린북)을 공개했는데 새 예산안에는 디지털자산 채굴 에너지(DAME) 소비세를 만들어서 코인 채굴 작업에 사용되는 전기 비용의 30%를 세금으로 부과할 것이라는 내용이 담겨 있습니다. 바이든 정부는 2023년에도 이와 유사한 내용의 예산안을 공개했으나 결국 의회 승인을 받지 못했는데 2024년에도 예산안에 코인 세금을 넣으며 코인 증세에 대한 강한 의지를 보여주고 있습니다.

당선 후보에 따라 변화 갈림길

두 후보 중 누가 당선되느냐에 따라 규제 기관인 미국 증권거래위원회의 역할에도 변화가 생길 것으로 보입니다. 현재 위원장인 게리 겐슬러의 임기는 2025년 1월까지인데 바이든이 다시 정권을 잡는다면 기존 입장을 계속 유지할 것으로 보입니다. 그러나 트럼프가 정권을 잡게 될 경우 시장에서는 트럼프 정부 당시 미국통화감독청(OCC) 청장을 역임하고 그 전에는 코인베이스 임원(CLO)으로 일했던 브라이언 브룩스가 차기 위원장이 될 것이라 전망하고 있습니다. 브라이언 브룩스가 미국 증권거래위원회 차기 위원장이 된다면 코인 회의론자인 게리 겐슬러와 비교하면 아무래도 느슨한 시장 규제가 이루어질 것으로 보입니다.

미국 대선 관련 밈코인 - 조보덴 vs 마가

대선 후보 이름에서 따온 밈코인

코인 시장에서는 양 당을 대표하는 바이든과 트럼프와 관련한 밈코인이 속속들이 등장하고 있습니다. 두 후보를 대표하는 밈코인으로는 바이든의 경우 조보덴(Joe Boden), 트럼프의 경우 마가(MAGA)가 있습니다. 밈코인의 특성상 재미를 추구하다 보니 바이든의 이름을 그대로 쓰지 않고 바이든(Biden)의 이름을 유추할 수 있는 보덴(Boden)이라는 이름을 쓴 것으로 보입니다. 마가는 트럼프가 2016년 대선 때 사용했던 'Make America Great Again(MAGA)'이라는 선거 구호에서 따온 이름 입니다.

바이든과 트럼프 지지자들은 3월부터 마치 스포츠 팀 중 어느 팀이 이길지에 베팅 하듯이 바이든의 당선을 원하는 사람은 조보덴을 구매하고 있으며 트럼프의 당선 을 원하는 사람은 마가를 구매하며 코인 시장에서 선거전을 치르고 있는 중입니 다. 바이든의 경우 코인에 부정적인 입장이다 보니 특별히 보덴에 대해 입장을 밝 히지는 않았습니다. 반면 트럼프는 과거 비트코인이 달러를 위협할 거라 생각하여 부정적 입장을 보였으나 최근 들어 입장을 선회했는데 이번에는 145만 달러 규모 의 마가 코인을 보유하고 있다고 밝히면서 대선 관련 테마 밈코인 시장에 불을 지 폈습니다.

그러나 밈코인의 경우 발행량이 적고 유동성도 작아 사소한 변화에도 가격이 크게 변동하는 특성을 가지고 있으며 대통령 선거라는 이벤트가 끝나면 거래를 유지할 동력이 사라질 수 있기 때문에 투자를 하는 데 있어 각별히 유의할 필요가 있습니다.

90
네이버와 카카오가 함께 만드는 알트 코인은?
(ft. 프로젝트 드래곤)

네이버는 핀시아 코인, 카카오는 클레이튼 코인

우리나라의 대표적인 빅테크 플랫폼인 네이버의 경우 블록체인 자회사인 Line Tech Plus를 운영하고 있으며 카카오도 블록체인 자회사 X그라운드와 Krust Universe를 운영하고 있습니다. 두 회사 모두 독자적으로 코인 발행도 하고 있는데 네이버는 아랍에미리트연합(UAE)에 핀시아 재단을 설립하여 2018년 핀시아(FNSA) 코인을 발행했고 카카오는 싱가포르에 클레이튼 재단을 설립하면서 2019년 클레이튼(KLAY) 코인을 발행했습니다. 두 회사는 각각 이더리움과 코스모스에 기반한 메인넷을 구축했고 핀시아의 경우 시가총액 3,000억원, 클레이튼의 경우 시가총액 1조원 규모의 알트코인으로 성장했습니다.

클레이튼 - 핀시아 네트워크 통합

두 재단은 2024년 1월 16일 통합 계획을 발표하면서 시장에 큰 기대감을 주었으며 한 달간에 걸친 내부 투표 결과를 거쳐 2024년 2월 15일 클레이튼-핀시아 네트워크 통합을 공식적으로 밝혔습니다.

두 재단이 발표한 통합 이유를 살펴보면 아시아 시장이 전 세계 코인 거래의 77%를 주도하고 있으나 아시아를 기반으로 하는 코인이 차지하는 비중은 5%에 불과하여 시장에서 아시아 코인이 저평가받고 있다는 것입니다. 네이버가 운영하는 메신저 라인과 카카오가 운영하고 있는 메신저 카카오톡의 이용자 수를 합치면 2억 5,000만 명에 달하는데 두 회사가 이용자를 기반으로 생태계를 구축한다면 시장 점유율을 빠르게 회복할 수 있을 것이라는 판단에서 재단을 통합할 계획임을 밝혔습니다.

두 재단의 통합 프로젝트의 명칭은 'PROJECT DRAGON'으로 정했으며 정식 발행할 코인 명칭은 향후 발표할 것이라고 합니다. 클레이튼과 핀시아를 보유하고 있는 사람들은 향후 위 프로젝트를 통해 발행될 코인을 클레이튼의 경우 클레이튼 1개당 새로 발행될 코인 1개, 핀시아의 경우 핀시아 1개당 새로 발행될 코인 148개의 비율로 교환받을 수 있습니다.

　두 재단은 서로 다른 메인넷을 사용하고 있기 때문에 우선은 클레이튼에 기반한 메인넷으로 2024년 2분기까지 1차 통합을 진행할 예정이고 향후 이더리움과 코스모스 기술을 호환할 코스워즘(CosmWasm) 형식의 새로운 통합 메인넷을 개발하여 최종적으로 통합을 마무리할 것이라고 밝혔습니다. 두 재단의 통합 소식은 클레이튼과 핀시아 두 코인에 모두 호재로 작용하여 2023년과 비교했을 때 클레이튼의 30%, 핀시아의 경우 40%가량 상승된 가격을 유지하고 있습니다.

91

중국도 코인을 만든다고?
(ft. 트론과 네오)

홍콩 비트코인 현물 ETF 승인 이후 행보

중국의 경우 직접적인 코인투자는 불가능하지만 홍콩과 경제적으로 밀접한 관련을 맺고 있어서 홍콩에서 비트코인 현물 ETF 승인이후 중국 시장의 자금을 흡수할 가능성이 크다는 점에 대해 설명했습니다. 홍콩의 비트코인 현물 ETF 승인은 향후 아시아 코인 허브로 성장하기 위한 포석인 만큼 홍콩에서 코인 거래량이 늘어나게 된다면 결국 중국도 영향을 받게 될 것으로 보입니다. 중국의 코인투자가 늘어날 경우 중국 코인도 함께 주목받을 가능성이 있으므로 시장에서 자리 잡은 대표적인 중국 코인 두 가지를 소개하고자 합니다.

저스틴 선이 만든 트론 코인

첫 번째는 트론(TRX)입니다. 트론은 과거 리플(XRP)의 중국 대표였던 저스틴 선이 개발했는데 저스틴 선은 중국의 스냅챗이라고 불리는 페이워(Peiwo)의 설립자이기도 합니다. 트론은 자체 메인넷을 가지고 있으며 높은 처리 속도와 낮은 수수료 제공, 대규모 트랙잭션을 처리할 수 있는 확장성을 가지고 있는 것으로 유명합니다. 이에 트론은 리플, 이오스와 함께 전송용 코인으로 가장 많이 사용되고 있으며 국내 대표 거래소인 업비트와 빗썸에 모두 상장된 상태입니다. 트론은 2022년 코인 시장 침체로 하락세였으나 2023년 들어 상승세가 계속되었고 최근 1년 사이 2배 넘는 가격 상승이 있었습니다.

중국의 이더리움 - 네오 코인

두 번째는 네오(NEO)입니다. 네오는 2014년 중국에서 최초로 만들어진 블록체인 프로젝트를 통해 만들어졌는데 원래 명칭은 앤트쉐어(Antshares)였으나 2017년 6월 네오라는 이름으로 리브랜딩했습니다.

네오는 리브랜드 이후 이더리움의 스마트 컨트랙트 기능에서 단점은 보완하고 장점은 극대화하는 것을 목표로 했고 이에 '중국 이더리움'이라는 별명을 가지고 있습니다. 네오 블록체인에서는 네오(NEO)와 가스(GAS) 두 개의 코인이 있는데 네오는 투자 및 생태계 내에서 투표에 참여할 수 있도록 도와주며 가스는 거래에 대한 수수료를 지불하는 데 사용됩니다. 네오 코인은 실질적으로 중국계 코인의 대장주로 뽑히며 중국 관련 이슈가 있을 때마다 가격 영향을 받고 있어서 홍콩 비트코인 현물 ETF 승인 시 대표적인 수혜 코인으로 뽑히고 있습니다. 네오 코인도 업비트와 빗썸에 모두 상장되었으며 최근 1년 사이 3배가량의 가격 상승이 있었습니다.

92

걸으면 코인을 준다? 스테픈 코인
(ft. NFT 운동화 생산과 소각)

NFT 운동화 뽑기 → 걷기로 채굴 → 수익화

빗썸과 업비트 등 한국 모든 암호화폐 거래소에 상장되어 있는 스테픈(GMT)이라는 코인이 있습니다. 이 코인은 무브투언(M2E, Move to Earn)이라는 개념으로 걸으면서 돈을 버는 토크노믹스를 설계했습니다. 먼저 구글 플레이스토어나 애플 앱스토어를 통해서 STEPN이라는 앱을 다운로드하고, 초기 원금을 일정 부분 투자하여 NFT 운동화를 산 후 하루에 일정 걸음 이상 걸으면 GMT 코인이 채굴되는 구조입니다.

이때, NFT 운동화는 일정 확률로 좋은 운동화가 뽑히기도 하고 나쁜 운동화가 뽑히기도 하는데 하루에 1만 보씩 걷는다는 가정하에 나쁜 운동화는 대략 12개월 정도의 원금 회수 기간이 걸리고 좋은 운동화는 6개월 정도면 가능한 구조를 지니고 있습니다. 2024년 기준 470만 명의 이용자들이 이 앱을 통해 코인을 벌면서 운동을 하고 있는데, 문득 이 구조가 어떻게 계속 유지될 수 있는지 즉, 걸으면서 코인 채굴이 되어도 코인을 사주는 사람이 없으면 돈을 벌 수가 없을 텐데 어떻게 코인 가격을 유지하는지가 궁금할 수 있습니다. 여기서 바로 스테픈의 토크노믹스가 중요합니다.

(출처 : 애플 앱스토어 STEPN 앱)

생태계 선순환과 인플레이션 대처가 관건! NFT 운동화 구매 → 소각 → 생산 사이클

스테픈의 운동화를 구매하기 위해서 일단 스테픈 코인을 구매해야 합니다. 즉, 맨 처음 참여자에 대해 자동으로 스테픈을 구매할 수밖에 없게 만드는 것이죠. 그리고 이렇게 구매한 운동화에 사용된 스테픈은 시장에 풀리는 것이 아니라, 블록체인 내에서 소각이 되는 구조로 되어 있습니다. 또한 게임처럼 정기적으로

HP가 닳아서 계속 뛰려면 코인을 소모해야 하고 더 많은 운동화 NFT를 민팅하기 위해서는 코인을 더 소모해야 하는 등 인플레이션에 대처하기 위한 많은 노력을 하고 있습니다. 즉, 사람들이 걸으면 계속 코인이 나오게 되니 코인 양이 무한정 늘어나는 인플레이션이 발생하게 되는데 이것을 운동화 NFT 구매에 사용하도록 만들고, HP 충전에 사용하도록 만들고, 코인을 계속 소각하는 식으로 가격을 유지하는 것이죠. 스테픈 말고도 많은 코인들이 이와 비슷하면서도 다른 토크노믹스를 지니고 있습니다. 그렇기 때문에 어떤 코인에 투자를 하든 인플레이션을 잘 잡아줄 수 있는 장치들이 존재하는지를 꼭 확인해봐야 합니다. 스테픈 또한 이런 장치들이 있기는 하지만, 코인 개수가 계속 늘어나는 인플레이션을 감당하기는 아직 힘들어 보이며, 인플레이션에 대응하려는 많

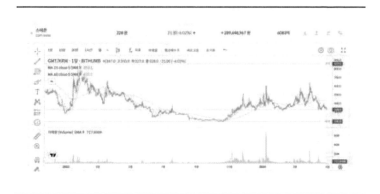

빗썸 스테픈 가격 추이 차트

은 노력에도 공급이 계속 나오고 있어 빗썸 기준 코인 가격은 하락 추세의 경향을 띄고 있는 중입니다.

다이어트 목적의 소액 투자가 적합할 듯

때문에 이런 코인과 같은 경우 투자 목적으로 구매를 하기보다는 다이어트 목적과 동기부여 목적으로 소액만 투자해서 운동화를 구매한 후, 매일 걷는 방향으로 접근하는 투자를 추천합니다. 거액의 코인을 구매했을 경우에는 인플레이션 때문에 손해를 볼 확률이 높지만 소액의 금원을 투자하여 운동화 NFT를 뽑고, 내가 걸어서 직접 코인을 채굴하는 방식은 결국 언젠가는 원금이 회수될 가능성이 높으며 리스크도 적은 편이기 때문입니다. 이런 코인들은 일종의 선점 효과가 있어서 앞으로도 비슷한 코인이 나오면 초기에 투자하는 사람들이 돈을 크게 벌 가능성이 높습니다. 때문에 코인 뉴스를 자주 보고 비슷한 콘셉트를 가진 코인이 등장하는지 잘 지켜보면 좋을 것입니다.

93

리플 가격이 20분 만에 12% 급등한 이유는?
(ft. 가짜뉴스 걸러내기)

혹시 의도적으로 가짜뉴스를 퍼뜨리는 건 아닐까?

과거에는 아침 일간지를 통해 사람들이 속보를 접했으나 스마트폰 일상이 되어가면서 SNS, 유튜브, 온라인 기사를 통해 분 단위로 빠르게 기사를 접할 수 있게 되었습니다. 그러나 신속한 보도 속도에 초점을 맞추다 보니 팩트 체크에는 소홀해지는 경우가 생겼고, SNS에 올라온 가짜뉴스가 유튜브와 온라인 기사로 이어지면서 가짜뉴스가 또 다른 가짜뉴스를 생성하는 세상이 되었습니다. 코인 시장의 경우 속보 하나에도 가격이 급등락하다 보니 거짓이라는 것을 알면서도 시세 조작을 위해 의도적으로 가짜뉴스를 생성하는 경우도 생기고 있습니다.

가짜뉴스 사례 1 - X에 떠돈 비트코인 ETF 승인

가장 최근에는 2024년 1월 9일 미국 증권거래위원회의 X 공식 계정에 비트코인 현물 ETF가 승인되었다는 가짜뉴스가 올라왔습니다. 해당 게시물엔 '미국 내 모든 등록된 증권거래소에 #비트코인의 ETF 상장을 승인한다.'고 적혀 있었습니다. 위원장인 게리 겐슬러는 몇분 뒤 개인 X 계정을 통해 해당 게시물이 거짓이라고 알렸음에도 가짜뉴스가 순식간에 퍼지면서 불과 15분 만에 비트코인 가격이 7%가량 급등했습니다.

비트코인 관련 가짜뉴스는 과거에도 여러 번 있었습니다. 2019년 1월에는 러시아 정부가 미국의 제재를 회피하기 위해 10조원가량의 비트코인을 매수한다는 가짜뉴스가 나오면서 가격이 급상승했고, 2021년에는 한 해커가 인도 모디 총리의 X 계정을 해킹해 인도 정부가 비트코인을 법정통화로 채택했다는 가짜뉴스가 나오기도 했습니다. 비트코인 현물 ETF와 관련된 가짜뉴스는 코인 업계에서는 단골 메뉴인데 2024년 1월 이전에도 2023년 10월 블랙록의 비트코인 현물 ETF가 승인되었다는 가짜뉴스가 나오면서 시장에 큰 혼란을 주었습니다.

가짜뉴스 사례 2 - 월마트 라이트코인과 블랙록의 리플 건

2021년 9월에는 미국 대형 유통업체 월마트가 라이트코인으로 결제를 허용하기로 했다는 가짜뉴스가 유포되었는데 로이터 통신이 이를 인용하면서 한때 라이트코인 가격이 30% 넘게 오르기도 했습니다. 2023년 11월 14일에는 세계 최대 자산운용사인 블랙록이 리플 신탁을 등록했다는 가짜뉴스가 유포되면서 리플 가격이 20분 만에 12% 가까이 오르기도 했습니다.

투자자 입장에서 가짜뉴스를 걸러내려면?

가짜뉴스가 생산되는 것 자체를 막을 수 없겠으나 투자자 입장에서 가짜뉴스를 거를 수 있는 방법은 존재합니다. 코인텔레그래프나 블록미디어와 같은 코인 전문지의 경우 일간지나 주간지에 비해 규모가 작기 때문에 통상 데스크의 결재 없이 해당 기사를 작성하는 기자가 곧바로 기사를 게재합니다. 그러나 블룸버그통신과 같은 전통 언론매체에서도 코인 전문 섹션이 존재하는데 이들의 경우 취재-기사 작성-데스크 결재-언론사가 직접 기사를 업로드하는 과정을 거치기 때문에 좀 더 신뢰할 수 있는 정보가 올라옵니다.

또한 과거 블랙록 리플 신탁 등록 가짜뉴스처럼 기업과 관련된 이슈가 있는 경우에는 기업 보도 자료나 기업 공식 SNS를 확인하면 곧바로 가짜뉴스 여부를 확인할 수 있습니다. 코인 시장에 큰 호재가 될 만한 사건이라면 기업 입장에서도 주가에 큰 영향을 미치는 정보이기 때문에 당연히 자체 홍보 채널에 이를 알리기 때문입니다.

94

텔레그램이 톤 코인으로
암호화폐 제국을 꿈꾼다?

텔레그램 기술적 기반은 블록체인, 자체 코인(TON) 보유

텔레그램은 2013년 파벨 두로프가 개발한 메신저로 월간 활성 이용자 수만 9억 명에 달하며 2024년 기준 왓츠앱, 위챗, 페이스북 메신저에 이어 전 세계에서 4번째로 이용자 수가 많은 메신저로 성장했습니다. 텔레그램은 초창기 억만장자였던 파벨 두로프가 서버 유지비와 개발비 등 모든 비용을 충당하며 비영리정책을 유지했으나 블록체인 프로젝트인 디 오픈 네트워크(The Open Network, TON)를 시작하고 최근 자체 코인인 톤(TON)을 만들며 본격적인 생태계 구축에 나아가고 있습니다. 참고로 텔레그램은 2017년 블록체인 프로젝트를 처음 시작했으나 미국 증권거래위원회와 분쟁이 생기게 되면서 공식적으로는 텔레그램과 톤 재단은 분리 운영되고 있습니다.

유료 광고 및 후원 서비스 제공 시작! 톤 코인 이용

텔레그램은 2022년 사용자가 휴대폰 번호를 제공할 필요 없이 익명으로 제공되는 블록체인 기반 번호를 사용해 로그인할 수 있는 서비스를 시작했으며 톤 지갑을 만들며 블록체인 내에 코인을 저장할 수 있는 장소를 제공하는 서비스를 제공하고 있습니다. 텔레그램은 톤 코인과 지갑을 활용하여 국가와 수수료의 제약에서 벗어나 자유로운 이체가 가능한 환경을 구축하고자 합니다. 또한 톤 코인의 생태계 확장을 위해 최근에는 텔레그램 내 1,000명 이상 구독자 수를 가진 채널에서 톤 코인을 이용하여 유료 광고 및 후원 서비스를 제공하기로 했으며 향후 이모티콘 등 콘텐츠를 판매하는 크리에이터에 대해서도 톤 코인을 활용한 보상 시스템을 만들 것이라고 합니다. 우리나라에서도 메신저 앱인 카카오톡이 법정화폐와 기존 운영체제를 활용하여 금융 플랫폼을 구축했는데 이와 비슷하게 텔레그램 CEO인 파벨 두로프도 "단순 메신저 앱에서 블록체인을 기반으로 한 암호화폐 제국으로 변화시키겠다."라는 포부를 밝혔습니다.

페이스북의 리브라가 못한 일을 텔레그램 톤 코인이 해낼까? - 동일한 티커명 투자는 주의할 것!

다만 과거 페이스북에서도 텔레그램과 비슷하게 소셜파이 코인 리브라를 발행하여 생태계 구축을 위해 노력했으나 미국 의회와 정부의 강력한 반발로 사업이 좌초된 선례가 존재하여 텔레그램이 향후에도 성장 동력을 계속 유지할지 여부가 주목되고 있습니다.

텔레그램이 '암호화폐 제국'으로 변화하겠다는 포부를 밝히면서 톤 코인은 코인마켓캡을 기준으로 2024년 4월 19일 기준 시가총액 8위를 기록하고 있습니다. 톤 코인의 경우 코인원과 코빗에서만 거래가 가능합니다. 업비트에도 톤 코인과 동일한 티커명을 가진 토카막네트워크(TON)라는 코인이 상장되어 있는데 텔레그램의 톤 코인과는 전혀 상관없는 코인이므로 유의해야 합니다.

95

페이코인 재상장 논란이란 무엇인가?

다날이 개발한 코인, 편의점 결제 시 할인 혜택 제공

페이코인은 2020년 전자지급결제대행사(PG) 다날이 실생활에서 사용 가능한 코인을 목표로 개발했고 100원 정도 가격에서 상장했다가 한때 2,800원까지 가격이 오르기도 하며 시장에서 뜨거운 관심을 받았습니다. 원대한 청사지만 발표하고 실제 시장에서는 별다른 영향을 미치지 못하는 코인이 많은데 페이코인의 경우 CU, GS25, 이마트24 등 편의점과 제휴하여 페이코인으로 결제 시 15% 상시 할인 혜택을 제공했고 이디야커피나 피자헛과 함께 90% 할인 행사를 진행하기도 했습니다. 나아가 '오징어게임'으로 세계적인 스타덤에 오른 이정재 배우를 광고 모델로 기용하여

TV 광고를 송출하기도 하면서 한동안 결제 코인의 선두 주자로 승승장구했습니다. 그러나 페이코인의 전성기는 그리 오래가지 못했습니다.

특금법 요건 미달, 상장폐지 결정

금융정보분석원(FIU)은 특금법이 시행에 맞춰 2022년 말까지 페이코인 측에 은행 실명 확인 입출금계정(실명계좌) 요건을 갖추어 가상자산사업자 변경 신고를 할 것을 명령했습니다. 그러나 당시 코인 시장은 크립토 윈터의 여파로 신규 업체가 은행권에서 실명계좌를 받는 것이 사실상 불가능했습니다. 특금법상 요건을 갖추지 못한 페이코인은 2023년 1월 6일 가상자산사업자 신청 불허가 통보를 받게 되면서 국내에서 페이코인을 통한 결제 사업을 더 이상 할 수 없게 되었습니다. 이후 닥사(DAXA, 국내 5대 거래소가 투자자 보호를 위해 출범한 공동 협의체) 차원에서 페이코인 상장폐지에 대한 논의가 이루어졌으며 2024년 4월 페이코인이 상장되어 있던 업비트, 빗썸, 코인원에서는 페이코인에 대한 동시 상장폐지를 결정했습니다.

결제 사업 해외 이전, 코빗과 코인원에서 재상장 결정

페이코인은 국내 결제 사업을 해외로 이전하고 후오비 등 외국 거래소에 상장하면서 사업을 이어 나갔습니다. 그리고 상장폐지 결정이 있고 난 이후 1년 후인 2024년 4월 코빗에서는 페이코인에 대한 신규 상장을, 코인원에서는 페이코인에 대한 재상장 결정을 내리며 다시 국내 코인 거래소에서 거래 지원이 이루어지게 되었습니다.

1년 전 상장폐지 결정이 있었던 페이코인에 대해 다시 거래 지원을 시작한 코빗과 코인원은 "페이코인은 특금법 시행으로 가상 자산사업자 신고 요건을 충족하지 못해 상장폐지되었으나 사업을 해외로 옮기며 가상자산사업자 신고 필요성 문제가 해소되어 재상장하게 되었다."라는 입장을 밝혔습니다.

상장폐지에서 재상장까지, 피해는 투자자가 떠안아

1년 만에 갑작스럽게 이루어진 페이코인 재상장에 대해 시장에서는 비판의 목소리가 나오고 있습니다. 상장폐지된 이유가 해소되어 재상장했다는 거래소의 말이 틀린 것은 아니나 사업을 해외로 옮기는 것만으로 해결될 문제였다면 애초에 왜 상장폐지까지 했던 것인가 하는 것입니다. 코인 시장에서 상장폐지가 되는 것은 투자자 입장에서 자신이 보유하고 있는 코인이 휴지 조각이 되는 것과 다름없는데 거래소가 손바닥 뒤집듯 상장과 재상장을 반복하게 되면 그 피해는 오롯이 투자자에게 돌아가기 때문입니다. 이러한 논란은 과거 위믹스 코인이 상장폐지 후 두 달 만에 재상장되었을 때에도 있었습니다.

논란 속에서도 2024년 4월 국내 거래소에서 다시 거래가 이루어지기 시작한 페이코인은 상장 첫날 코빗에서 거래 대금이 100억원을 기록하면서 비트코인 거래량을 넘어섰고 상장 당시 380원대에서 470원대까지 가격이 급등하기도 했습니다.

96

시장에서 사라지는 코인이 있다?
(ft. 코인 소각)

코인 소각- 코인 인출이 불가능한 지갑으로 보내는 것

코인은 작업증명 방식이나 지분증명 방식 등에 따라 블록체인 생태계 유지에 기여한 채굴자 및 검증자에 대한 보상으로 발행이 됩니다. 이와 반대로 코인에서는 특정 목적을 이유로 이미 발행된 코인 일부를 제거시키는 '소각'이라는 절차도 존재합니다.

소각이란 단어는 원래 주식 시장에서 사용하는 단어입니다. 주식회사는 주주환원(주식회사의 주인인 주주에게 회사가 얻은 이익 일부를 돌려주는 것)의 일환으로 주주총회 결의나 이사회 결의를 통해 자사주를 소각하여 주주가 보유하고 있는 주식의 가치를 올려 간접적으로 이익을 주고 있습니다.

코인에서도 코인 발행사(재단)가 보유하고 있는 코인을 인출이 영구히 불가능한 지갑 주소(Eatery address, 인출할 때 필요한 개인 키를 알 수 없어 입금만 가능하고 출금은 불가능한 지갑)로 보냄으로써 시장에서 영구히 거래가 불가능하게 하는 것을 '소각'한다고 합니다.

코인을 소각하는 이유 1 - 코인 가치 유지

코인을 소각하는 이유는 크게 세 가지가 있습니다. 첫 번째는 코인 소각으로 코인 수량이 줄어들게 되면 가치가 유지되거나 올라갈 것이라는 생각 때문입니다. 수요-공급 이론에 따라 수요는 동일한데 시장에서 유통되는 코인 양이 줄어들게 된다면 결과적으로 가격이 오를 것이라는 판단하에 소각을 하는 것입니다. 비트코인이 반감기를 거치면 수요는 동일한데 공급량이 줄어들게 되어 가격이 상승할 것으로 예측하는 것과 비슷한 논리입니다.

코인을 소각하는 이유 2 - 부당한 차익 실현을 막기 위해

두 번째 이유는 코인 상장(ICO 등)이나 퍼블릭 또는 프라이빗 세일 후 남은 코인이 존재하는 경우 이를 코인 발행사가 계속 보유하고 있다가 시장에 갑자기 매도할 경우 부당한 이익을 얻을 수 있어 이를 방지할 목적으로 코인 소각을 진행하는 것입니다. 통상 코인 발행사는 코인 상장이나 세일을 진행하기 전에 남는 수량을 어떻게 처분할지에 대한 계획을 미리 밝히고 있습니다.

코인을 소각하는 이유 3 - 코인 전환 시 혼란을 피하기 위해

세 번째로는 기존에 있던 코인을 새로운 코인으로 전환하면서 기존에 코인이 남아 있으면 시장에 혼란을 가져올 수 있으므로 기존 코인을 소각하는 것입니다. 네이버-카카오는 기존 발행하던 핀시아와 클레이튼을 통합하여 새로운 코인(가제 PROJECT DRAGON)을 발행할 것이라고 발표했는데 새로운 코인 발행이 완료되는 대로 핀시아와 클레이튼을 소각할 것이라 밝혔습니다.

주기적으로 소각하는 코인 사례 - BNB, SHIB

일부 스테이블코인의 경우 가치 유지를 위해 주기적으로 소각하고 있는데 대표적인 것이 바이낸스에서 만든 BNB입니다. 해당 코인은 2017년 발행을 시작했는데 분기별 자동 소각 프로그램을 도입하여 현재까지 27번 소각했습니다. 시바코인(SHIB)도 소각을 통해 가격 상승을 유도하는 것으로 유명한데 2024년 3월에도 가격 상승을 목적으로 3억 8,000만 개의 코인을 소각했으며 현재까지 발행량의 절반가량을 소각한 것으로 알려졌습니다.

97

초보 투자자는 어떻게 시작하면 좋을까?
(ft. 기본적 분석 & 기술적 분석 & 균등분할매수)

코인도 주식처럼 기본적 분석과 기술적 분석 공부부터

투자를 시작하기로 결정했다면 어떤 코인을 선택해서 어떤 방법으로 투자해야 할지에 대한 고민이 항상 있을 수밖에 없습니다. 처음 투자를 시작하는 투자자들이 많이 하는 실수가 거래소에서 거래량이 많거나 수익률이 높거나 이름을 들어본 코인에 섣불리 투자했다가 고점에서 물려 손실을 보고 다시는 투자하지 않겠다고 마음먹는 것입니다. 이에 투자에 앞서 기본적인 투자 지식을 가지고 그에 임하는 것이 도움이 될 것입니다.

투자 종목을 선택하는 가장 널리 알려진 방법은 기본적 분석 (fundamental analysis)과 기술적 분석(technical analysis)을 통해 상대적으로 저평가되어 있고 차트상 가격이 오를 것으로 보이는 종목을 찾아내는 것입니다.

코인 기본적 분석
코인 백서, 시가총액, 거래량, 해시레이트, 경영진 파악

기본적 분석은 주식의 경우 기업의 재무상태를 분석하는 것이 주된 방법인데 코인의 경우 재무재표를 공시하지는 않기 때문에 해당 코인이 공식적으로 발표한 로드맵, 백서 내용, 시가총액, 거래량, 해시레이트, 경영진이나 개발자의 면면을 살펴보는 방식으로 이루어집니다.

코인 기술적 분석
이동평균선, 상대강도지수, 볼린저 밴드 지표 활용

기술적 분석은 코인 시장에서 가격 형성이 기업의 내재적 가치에 의해서만 결정되는 것이 아니고 투자자의 심리나 마케팅 등의 요인에 의해서도 많은 영향을 받게 되는데 이를 모두 반영한 것이 거래 차트이고, 과거와 현재 차트를 분석하면 미래 가격을 어느 정도 예측할 수 있다고 보는 분석 방법입니다. 기술적 분석에는 이동평균선(MA), 상대강도지수(RSI), 볼린저 밴드(Bollinger Bands)

등의 지표를 활용하며 대부분의 코인 거래소에서는 기술적 분석에 활용할 수 있는 50개 이상의 지표를 제공하고 있습니다.

단기 투자로 일상생활이 망가지는 것은 피할 것

기본적 분석과 기술적 분석 방법은 각각의 장단이 있으므로 적절히 두 방법을 조합하여 사용하는 것이 좋으며 각 거래소에서는 개별 코인에 대한 기본적 분석이나 기술적 분석을 담은 투자보고서 형태의 자료를 무료로 발간하고 있으므로 스스로 분석한 내용과 거래소에서 분석한 내용을 비교하여 투자에 활용하면 좋습니다.

기본적 분석과 기술적 분석 방법을 통해 투자할 종목을 선정했다면 실제 투자로 이어져야 하는데 처음 투자하는 사람 입장에서 단기간에 고수익을 얻기 위해 투기성으로 단타를 하는 것은 지양해야 할 일입니다. 감정적인 결정으로 인해 투자금을 잃기 쉽고 일상생활이 망가질 수 있기 때문입니다.

결국 진리는 균등분할매수 전략

코인 시장의 급격한 변동성을 최소화하면서 동시에 안정적인 수익률을 가져갈 수 있는 대표적인 투자 전략은 균등분할매수 전략입니다. 투자할 코인을 정했다면 매수 기간, 매수 주기, 매수 금액, 매도 시기, 매도 기간을 미리 정하고 일정에 따라 투자를 하는 것입니다. 예를 들어 비트코인의 경우 반감기 직후 1년 정도를 투자하기 좋은 시기로 보고 있는데 구매 주기(통상 1일 또는 1주 주기)를 정하고 구매 주기마다 정해진 액수만큼 꾸준히 비트코인을 구매하고 이후 구매 주기가 끝나면 다시 분할하여 매도하는 것입니다. 균등분할매수 전략을 통해 투자 비용을 평균화하면 코인이 가지는 유동성 리스크를 감소시킬 수 있으며 뉴스나 가격 변동에 따라 충동적으로 매수·매도 결정을 하는 것을 막을 수 있습니다.

98

코인 뉴스를 실시간으로 접하려면?
(ft. 코인니스 & 코인데스크 & 블룸버그 crypto)

신문을 보듯 2개 이상 정보지 구독 추천

투자자들 사이에서 가장 많이 언급되는 말 중 하나는 "소문에 사고 뉴스에 팔아라."라는 것입니다. 우리가 월가나 여의도에서 근무하고 있다면 일상생활에서도 여러 정보를 접할 수 있겠지만 아쉽게도 이 책의 독자 대부분은 이에 해당하지 않을 것입니다. 그렇기 때문에 코인투자를 본격적으로 할 것이라면 신문을 구독하듯 적어도 2곳 이상의 정보지를 비교하면서 보는 것이 좋습니다.

코인니스 - 24시간 코인 국내외 뉴스 속보 제공

코인니스는 2018년부터 국내에서 코인 뉴스를 전문적으로 제공하고 있으며 2024년 기준 50만 명 이상의 이용자가 투자 정보 커뮤니티에 참여하고 있어 정보를 얻기 매우 좋습니다. 보통 앱을 설치하여 이용하는 사람들이 많으며 알람을 켜놓으면 24시간 속보를 제공받을 수 있고 관심 있는 SNS 채널을 설정해두면 해당 채널에 올라온 소식을 실시간으로 제공해주는 서비스도 제공하고 있습니다.

비슷한 성격을 가지고 있는 사이트로 블록미디어가 있는데 코인니스는 속도 면에서 좀 더 우위가 있고 블록미디어는 정보 면에

코인니스 홈페이지(https://coinness.com)

서 좀 더 우위가 있다고 생각하면 됩니다. 다만 블록미디어의 경우 전용 앱이 없어서 편의성이 다소 떨어지는 편입니다.

국외 뉴스는 코인데스크, 블룸버그 crypto 섹션 추천

국내 코인 뉴스 외에도 영어 독해가 가능하다면 코인데스크나 블룸버그의 crypto 섹션을 보는 것도 좋습니다.

코인의 경우 코인 전문 언론 외에 텔레그램을 통해 정보를 얻는 경우가 많이 있습니다. 텔레그램 '코인코' 채널의 경우 주요 거래소에 올라온 중요 공지 사항을 실시간으로 제공하고 있으며 '텔레그램 코인 방, 채널 - CEN'에서는 언론매체의 다양한 코인 뉴스를 실시간으로 제공하고 있습니다.

99

코인 시장 최고의 정보 제공 플랫폼은?
(ft. 코인게코 & 코인마켓캡)

거래소, 프로젝트, 가격 변동, 시가 총액, 거래량, 유통량 총망라

코인게코와 코인마켓캡은 코인 시장에서 가장 많은 방문자 수를 가지고 있는 정보 제공 플랫폼입니다. 두 사이트는 거의 비슷한 플랫폼 구조를 가지고 있는데 코인 거래소에 대한 정보, 코인 프로젝트에 대한 정보, 실시간 가격 변동, 시가총액, 거래량, 유통량, 완전 희석 시가총액 등 코인 관련 정보를 실시간으로 제공하고 있습니다.

원화 기준 거래 정보 제공 - 코인마켓캡
달러 기준 거래 정보 제공 - 코인게코

코인마켓캡의 경우 원화를 기준으로 거래 정보를 제공하고 있고 코인게코의 경우 달러를 기준으로 거래 정보를 제공하고 있어 이 둘을 비교해서 보면 도움이 됩니다.

과거에는 코인 공시 및 평가 사이트로 쟁글이나 플립사이드크립토가 있었으나 현재는 서비스를 종료했습니다. 다만 현재도 쟁글의 코인 신용도 평가 자료나 플립사이드크립토 코인 등급표를 검색해보면 해당 자료를 확인하는 것은 가능하므로 특정 코인에 대한 투자를 시작할 때 참고 자료로 활용하면 좋습니다. 쟁글의 경우 현재는 코인게코, 코인마켓캡과 비슷한 서비스를 제공하고 있고 플립사이드크립토는 유료 서비스로 전환했습니다.

2011년 설립된 글로벌 코인 거래소인 BTCC는 거래소 이용자가 아니어도 볼 수 있는 BTCC 아카데미를 운영하고 있습니다. BTCC 아카데미의 기본 지식과 연구 및 분석 섹션에서는 BTCC에 상장되었거나 상장 예정인 코인에 관한 로드맵, 기술 분석, 가격 분석, 향후 전망, 코인 관련 일반적인 기술이나 시장 변화에 대해 소개합니다. 투자 가이드에서는 코인투자에 도움이 될 수 있는 뉴스를 소개하고 해당 뉴스에 대한 BTCC의 오피니언을 덧붙이고 있습니다.

100

투자에 도움이 되는
텔레그램 단체방을 추천한다면?

투자의 신호와 소음을 구분하려면?

코인투자를 하는 데 있어 가장 중요한 것은 이 분야가 워낙 빠르게 변화하는 분야이기 때문에 최신 정보를 바로 파악하는 것입니다. 업비트에 어떤 코인이 새로 상장하는지, 새로 나온 코인 에어드랍 이벤트는 무엇인지, 어떤 코인이 스캠이고 유망한지 등 커뮤니티를 통해 정보를 바로바로 알아야 합니다. 세상에는 여러 코인 커뮤니티가 있지만, 많은 커뮤니티들이 쓸데없는 정보와 눈을 가리는 정보들이 가득합니다. 따라서 양질의 정보만을 선별해서 알려주는 코인 커뮤니티에 가입할 필요가 있는데 필자는 개인적으로 '텔레그램 단체방'을 추천합니다.

훌륭한 운영자가 있는 텔레그램 단체방 추천

누구나 말을 할 수 있는 카카오톡 단체 톡과는 달리 텔레그램 단체 채팅방은 설정에 따라 운영자만이 말을 할 수가 있으며, 훌륭한 운영자일 경우 좋은 정보만 선별하여 떠먹여주듯이 알려줍니다. 때문에 쓸데없고 난잡한 정보가 난무하는 네이버 카페, 카카오톡 단체 톡방보다는 선별된 양질의 정보만 큐레이팅 하듯이 알려주는 '큐레이팅 텔레그램 단체방'이 코인투자를 하는 데 적합한 정보 습득 방법이라고 볼 수 있겠습니다.

추천하는 텔레그램 방은 다음과 같습니다.

[신기술은 돈이 된다. 공지방]
https://t.me/tlsrltnf

[코인씨커의 꿀박스]
https://t.me/honey_box_main

[코인같이투자 정보 에어드랍]
https://t.me/WeCryptoTogether

이 외에도 여러 텔레그램 방들이 있으니 저 방들을 타고 가서 (텔레그램에는 비슷한 다른 방 추천 시스템이 있습니다) 다른 텔레그램 단톡 방에 가입을 해도 괜찮습니다. 다만, 세상에는 쓸데없는 정보들도 많으니 난잡하게 여러 정보를 보기보다는 엄선되고 큐레이팅된 정보를 취사하여 보는 것이 코인투자에 있어서 중요한 원칙이라 할 수 있습니다. 코인 시장만큼 정보를 얻는 자가 투자에 성공할 확률이 높은 시장도 드물 것입니다. 텔레그램 방을 통해 많이 공부하고 정보를 획득하여 성공적인 투자의 기초를 다지기를 바랍니다.

초보 투자자가
반드시 기억해야 할 3가지 원칙

코인투자를 시작하는 당신에게

이 책을 계기로 코인투자를 처음 시작하는 사람도 있을 것이고, 기존에 코인투자를 소소하게 하다가 투자 비율을 조정하려는 사람도 있을 것입니다. 이 책은 코인투자를 하는 데 있어서 '몰라서는 안 되는' 내용을 담고 있는 책이고 실제 코인투자의 세계는 훨씬 복잡하고 다양하며 예측이 어려운 부분이 있습니다. 모든 내용을 이 책에 담지는 못한 만큼 앞으로 투자를 시작한다면 반드시 기억해야 할 원칙에 대해 소개하고자 합니다.

1. 끊임없이 공부할 것

첫 번째는 반드시 '공부할 것'입니다. '그래서 어떤 종목을 사면 오르는 데?'라는 마음가짐으로 투자에 임하는 것보다는 스스로 자신이 여러 종목을 공부해보고, 비교해보고, 향후 가격 상승에 대한 가능성이 높다고 판단한 종목에 한해 투자를 하는 것이 좋습니다. 이러한 과정이 생략된다면 결국 처음 말했던 혼자만 뒤처지는 두려움과 가격 하락으로 생기는 불안감 속에서 번뇌하는 투자가 반복될 수밖에 없습니다. 적어도 코인투자 공부에 1만 시간 이상은 쏟겠다는 마음으로 시작해야 합니다.

가치투자의 창시자인 벤자민 그레이엄도 "실제 위험은 자기 자신의 무지에 있다."라는 말을 했습니다. 스스로 공부하여 내린 결정을 통해 얻은 수익이 아니라면 결과에서는 성공했지만 과정에서는 실패한 투자라고 스스로를 채찍질할 필요가 있습니다.

2. 변동성에 휩쓸리지 말고 인내를 가질 것

두 번째는 '완벽한 투자란 없다는 것'입니다. 아무리 계획이 좋아도 시장의 모든 변수를 계산할 수는 없습니다. 많은 투자자들이 추앙하고 있는 국내 코인투자의 전설 '워뇨띠'조차도 한때 -50% 수익률을 기록한 적이 있다고 하며 최근에도 하루에 300억원 가까운 손실을 낸 적이 있다고 합니다. 지속 가능한 투자를 하기 위해서는 시장의 움직임을 완벽하게 예측하기보다는 책임 있는 투자 결정을 하고 그로부터 배우는 것이 중요합니다. 연간 20% 가까운 장기 수익을 거두고 있는 오크트리 캐피털 매니지먼트의 창업자이자 회장인 하워드 막스는 "시장은 당신에게 선물을 주기도 하지만 때로는 예상치 못한 어려움을 줄 것이다."라고 말했습니다. 시장의 불확실성을 완벽하게 예측하는 것은 세계 최고 투자자들에게도 불가능한 일이기 때문에 완벽한 투자를 하기보다는 시장의 변동에 휩쓸리지 말고 인내심을 가지고 투자할 것을 강조했습니다.

3. 실패에서도 배울 것

세 번째는 '실패에서도 배울 것'입니다. 워런 버핏과 함께 미국 투자의 전설로 꼽히는 조지 소로스는 "시장이 어떻게 움직이든 누군가는 돈을 벌고 누군가는 돈을 잃는다. 시장의 승자가 되기 위해서는 어떻게 잃는지를 이해하는 것이 중요하다."라고 했습니다.

코인 시장은 기본적으로 상승장에서도 여러 가지 이유로 돈을 잃을 수 있는 구조입니다. 고점에서 매수했다가 일부 가격을 회복했을 때 매도하여 손해를 보거나, 상승장이라 생각하여 매수했는데 순식간에 하락 추세로 전환하여 더 큰 손실을 피하기 위해 매도하여 손해를 보는 등 여러 가지 이유로 상승장에서도 돈을 잃게 됩니다. 여기서 중요한 것은 손절했다는 사실에 매몰될 것이 아니라 현명한 투자자로 성장하기 위해서는 실패에서도 배울 마음가짐을 가지는 것입니다. 자기반성을 중요하게 생각하고 실패에서 교훈을 얻어

앞으로 어떻게 투자 전략을 보완할지에 대해 치열하게 고민해야 합니다.

   이 3가지 원칙이 투자의 정석은 아닙니다. 하지만 여러분의 투자 원칙을 세우는 데 꼭 참고했으면 합니다. 코인은 지금 태동기이며 합법과 불법 사이에서 횡보하고 있습니다. 그만큼 위험합니다. 끊임없이 관찰하고 공부하고 그 속에서 기회를 찾길 기원합니다.

조성근

맘마미아 재테크 시리즈

맘마미아 월급재테크 실천법

맘마미아 지음 | 588쪽 | 18,000원

이 책대로 하면 당신도 월급쟁이 부자가 된다!

- 통장관리, 가계부 작성, 예적금, 펀드, 주식, 경매 총망라!
- 금테크, 환테크, P2P투자 등 재테크 최신 이슈 추가!

| 부록 | 금융상품 Top 3/연말정산/청약/전세살이/보험 수록

맘마미아 푼돈목돈 재테크 실천법

맘마미아 지음 | 376쪽 | 15,000원

누구나 푼돈으로 월 100만 원 모으는 비법!

- 네이버 No.1 월재연 카페 성공사례 총망라!
- 식비 30만 원 절약법+고정지출 20만 원 절약법+
  부수입 50만 원 버는 법 총정리!
- 푼돈목돈 재테크 금융상품&앱 Top 3 소개

맘마미아 가계부(매년 출간)

맘마미아 지음 | 204쪽 | 12,000원

100만 회원 감동 실천! 대한민국 1등 국민가계부!

- 초간단 가계부! – 하루 5분 영수증 금액만 쓰면 끝!
- 절약효과 최고! – 손으로 적는 동안 낭비 반성!
- 저축액 증가! – 푼돈목돈 모으는 10분 결산 코너

| 부록 | 영수증 모음 봉투/무지출 스티커/'무지출 가계부' 실천법 7

돈이 된다! ETF 월급 만들기

**100만 월재연 열광!
ETF 풍차 돌리기로
10% 수익 무한 창출!**

- ETF 풍차 돌리기 선구자 투생의 강의가 책으로!
- 기계적으로 수익 실현! 월급처럼 현금이 꽂힌다!
- 투생의 지속 가능 10% 수익 실현 대공개!

투생(이금옥) 지음 | 18,000원

돈이 된다! 급등주 투자법

**월급쟁이도 주식으로
월 500만 원 창출!**

- 월재연 100만 회원 열광, 한경TV가 주목!
- 월수익 500만 원 디노의 급등주 투자법
- 누구나 한 달에 500만 원 수익 내는
  초단기 투자법 대공개!

디노(백새봄) 지음 | 18,800원